Gramática Ativa 2

Isabel Coimbra
Olga Mata Coimbra

Versão Brasileira:
Lamartine Bião Oberg
Alice Ferreira Fernandes

Lidel – edições técnicas, lda

Da mesma Editora:

— **PORTUGUÊS XXI – Nova Edição**
Curso de Português Língua Estrangeira estruturado em 3 níveis: iniciação, elementar e intermediário.
Componentes: Livro do Aluno + Arquivos de áudio, Caderno de Exercícios e Livro do Professor.

— **PRATICAR PORTUGUÊS**
Atividades linguísticas variadas, destinadas a alunos de Português Língua Estrangeira de nível elementar e/ou intermediário.

— **OLÁ! COMO ESTÁ?**
Curso intensivo de Português Língua Estrangeira destinado a adultos ou jovens adultos.
Componentes: Livro de Textos, Livro de Atividades (que contém um Caderno de Vocabulário) e arquivos de áudio.

— **VAMOS LÁ COMEÇAR!**
Explicações e exercícios de gramática e vocabulário em 2 volumes (nível elementar).

— **NOVO PORTUGUÊS SEM FRONTEIRAS 1**
Destina-se a alunos principiantes, cobrindo as estruturas gramaticais e lexicais básicas do nível de iniciação e elementar. Inclui arquivos de áudio com as gravações dos diálogos, textos e exercícios de oralidade.

— **QUAL É A DÚVIDA?**
Livro de exercícios destinado a alunos de nível intermediário 1, intermediário 2 e avançado.

— **GUIA PRÁTICO DOS VERBOS PORTUGUESES**
Manual prático de conjugação verbal. Inclui verbos com preposições e particularidades de conjugação de alguns verbos no Brasil. Contém cerca de 12 000 verbos.

— **GUIA PRÁTICO DE VERBOS COM PREPOSIÇÕES**
Dicionário de verbos com preposições e os seus respectivos significados. Contém mais de 1800 verbos com preposições.

— **LER PORTUGUÊS**
Coleção de histórias originais de leitura fácil e agradável, estruturada em 3 níveis.

— **PORTUGUÊS ATUAL 1 e 2**
Destina-se ao ensino/aprendizagem de Português Língua Estrangeira, níveis A1/A2 e B1/B2, e pretende ser um livro de apoio, na sala de aula e/ou em trabalho autônomo. Inclui arquivos de áudio.

— **ENTRE NÓS 1 e 2**
Método de Português Língua Estrangeira que contempla os níveis A1, A2, B1 e B2. Cada conjunto de materiais pressupõe entre 100 a 120 horas de trabalho, englobando o trabalho na sala de aula e o estudo autônomo.

— **NA ONDA DO PORTUGUÊS 1, 2 e 3**
Projeto pedagógico destinado ao ensino de Português Língua Estrangeira e Português Segunda Língua, dirigido a jovens alunos, que privilegia uma abordagem comunicativa por competências e tarefas.

— **GRAMÁTICA ATIVA 2 – Versão Portuguesa**
Destina-se ao ensino de Português Língua Estrangeira ou Português Segunda Língua e contém explicações claras e aplicação prática das principais estruturas dos níveis elementar e pré-intermediário – B1+, B2 e C1.

A **Lidel** adquiriu este estatuto através da assinatura de um protocolo com o **Camões – Instituto da Cooperação e da Língua**, que visa destacar um conjunto de entidades que contribuem para a promoção internacional da língua portuguesa.

EDIÇÃO E DISTRIBUIÇÃO
Lidel – EdiçõesTécnicas, Lda.
Rua D. Estefânia, 183, r/c Dto – 1049-057 Lisboa
Tel: +351 213 511 448
lidel@lidel.pt
Projetos de edição: editoriais@lidel.pt
www.lidel.pt

LIVRARIA
Av. Praia da Vitória, 14 A – 1000-247 Lisboa
Tel: +351 213 541 418
livraria@lidel.pt

Copyright © 2014, Lidel – Edições Técnicas, Lda.
ISBN edição impressa: 978-972-757-863-4
1.ª edição impressa: janeiro 2014
Reimpressão de março 2024

Pré-Impressão: Carlos Mendes
Impressão e acabamento: Cafilesa – Soluções Gráficas, Lda. – Venda do Pinheiro
Depósito Legal: 369101/14

Capa: José Manuel Reis
Ilustrações: Pedro Alves / Re-searcher.com

Arquivos de Áudio:
Vozes: Carlos Thiré e Ursula Corona
Execução Técnica: Audio In - Produções Áudio, Lda.

Ⓟ & Ⓒ 2014 – Lidel
Ⓛ SPA
Todos os direitos reservados

Todos os nossos livros passam por um rigoroso controlo de qualidade, no entanto, aconselhamos a consulta periódica do nosso *site* (www.lidel.pt) para fazer o *download* de eventuais correções.

Não nos responsabilizamos por desatualizações das hiperligações presentes nesta obra, que foram verificadas à data de publicação da mesma.

Os nomes comerciais referenciados neste livro têm patente registada.

Reservados todos os direitos. Esta publicação não pode ser reproduzida, nem transmitida, no todo ou em parte, por qualquer processo eletrónico, mecânico, fotocópia, digitalização, gravação, sistema de armazenamento e disponibilização de informação, sítio *Web*, blogue ou outros, sem prévia autorização escrita da Editora, exceto o permitido pelo CDADC, em termos de cópia privada pela AGECOP – Associação para a Gestão da Cópia Privada, através do pagamento das respetivas taxas.

Índice

Introdução 5

Unidade

1. presente do subjuntivo com expressões impessoais – verbos regulares em *-ar, -er* e *-ir* . 6
2. presente do subjuntivo com conjunções e locuções – verbos irregulares 8
3. presente do subjuntivo introduzido por verbos ou expressões de desejo, ordem, dúvida, sentimento, etc. 10
4. presente do subjuntivo em frases dubitativas e exclamativas 12
5. presente do subjuntivo depois de *por mais que, por muito que, por pouco que*, etc. 14
6. presente do subjuntivo em orações relativas 16
7. presente do subjuntivo com *quem quer que, onde quer que, quer... quer...*, etc. 18
8. indicativo e subjuntivo com verbos de opinião e expressões de certeza e evidência ... 20
9. indicativo *vs.* subjuntivo 22
10. indicativo / subjuntivo / infinitivo 24
11. pretérito imperfeito do subjuntivo em orações exclamativas e comparativas 26
12. *se* com pretérito imperfeito do subjuntivo 28
13. pretérito imperfeito do subjuntivo *vs.* presente do subjuntivo 30
14. futuro do subjuntivo com conjunções e locuções 32
15. futuro do subjuntivo em orações relativas 34
16. presente e futuro do subjuntivo em orações concessivas com repetição do verbo ... 36
17. *se* com futuro do subjuntivo 38
18. pretérito perfeito composto e futuro composto do subjuntivo 40
19. pretérito mais-que-perfeito composto do subjuntivo 42
20. pretérito mais-que-perfeito simples e composto do indicativo 44
21. futuro do presente composto do indicativo 46
22. futuro do pretérito composto 48
23. conjugação pronominal com o futuro do presente do indicativo e futuro do pretérito . 50
24. discurso direto e indireto 52
25. indicativo ou subjuntivo 54
26. gerúndio simples *vs.* gerúndio composto 56
27. infinitivo impessoal e infinitivo pessoal simples e composto 58
28. orações proporcionais 60
29. *dar, ficar* e *passar* seguidos de preposição 62
30. derivados de *fazer, pedir, ver* e *vir* 66
31. derivados de *pôr* e *ter* 68
32. *ir* e *vir* como verbos auxiliares; perifrásticas 70
33. *se* – pronome; apassivador; conjunção 72
34. frases enfáticas; expressões de realce 74
35. relação semântica, fonética e gráfica entre palavras 76
36. conectores de adição, causa, conclusão, consequência, explicitação e finalidade ... 80
37. conectores de contraste 84
38. derivação por prefixação e sufixação 86

Índice

Unidade

39	composição	90
40	regras da acentuação gráfica	92
41	uso dos sinais de pontuação	96

Apêndice 1	Acentuação	98
Apêndice 2	Pontuação	99
Apêndice 3-A	Formação de palavras – derivação	103
Apêndice 3-B	Formação de palavras – composição	105
Apêndice 4-A	Verbos regulares	106
Apêndice 4-B	Verbos irregulares – auxiliares	112

Soluções dos Exercícios 113

Introdução

A **Gramática Ativa 2** destina-se ao ensino/aprendizagem de Português Língua Estrangeira (PLE) e Português Segunda Língua (PSL) e contempla as principais estruturas dos níveis intermediário e avançado – **B1⁺**, **B2** e **C1**.

Esta edição da **Gramática Ativa 2** apresenta um *design* moderno e apelativo bem como ilustrações de suporte à compreensão. Inclui vocabulário e expressões típicas do Brasil.

A presente edição da **Gramática Ativa 2** divide-se em 41 unidades, em sua maioria constituídas por duas páginas, contendo explicações e respectiva exemplificação na página da esquerda e os exercícios de aplicação correspondentes na página da direita; algumas unidades, porém, abrangem quatro páginas: as duas primeiras com explicações e as duas últimas com os respectivos exercícios de aplicação ou apenas uma página de explicações e três de exercícios.

A **Gramática Ativa 2** não está orientada para ser um livro de curso de PLE / PSL. Trata-se de material suplementar, a ser usado na sala de aula ou em casa e, como tal, o livro não deverá ser trabalhado do princípio ao fim, seguindo a ordem numérica das unidades; essas devem ser selecionadas e trabalhadas de acordo com as dificuldades do aluno.

A **Gramática Ativa 2** inclui ainda, além das soluções dos exercícios, quatro apêndices – acentuação; pontuação; formação de palavras (derivação e composição) e conjugação dos verbos (modelo da 1ª, 2ª e 3ª conjugações e verbos auxiliares).

A versão brasileira da **Gramática Ativa 2** foi adaptada da versão portuguesa pelos professores Lamartine Bião Oberg – Rio de Janeiro (RJ) – e Alice Ferreira Fernandes – Curitiba (PR).

Esta edição inclui ainda arquivos de áudio com a gravação dos exercícios, e respectivas soluções, disponíveis em www.lidel.pt/pt/download-conteudos/, tendo como objetivo o desenvolvimento da autonomia para realização das atividades e avaliação de seus resultados.

Unidade 1

presente do subjuntivo com expressões impessoais
verbos regulares em -ar, -er e -ir

presente do subjuntivo

◇ Forma-se a partir da **1ª pessoa do singular do presente do indicativo**, a que se retira a terminação **-o** e se substitui por **-e**, para os verbos em **-ar** e por **-a**, para os verbos em **-er** e **-ir**.

	1ª pessoa do singular	
	presente do indicativo	presente do subjuntivo
fal**ar**	eu fal**o**	(que) eu fal**e**
com**er**	eu com**o**	(que) eu com**a**
abr**ir**	eu abr**o**	(que) eu abr**a**

presente do subjuntivo

	-ar	-er	-ir
eu	fal**e**	com**a**	abr**a**
tu	fal**es**	com**as**	abr**as**
você / ele / ela	fal**e**	com**a**	abr**a**
nós	fal**emos**	com**amos**	abr**amos**
vocês / eles / elas	fal**em**	com**am**	abr**am**

☞ O pronome **você** se usa em todo o Brasil e em Portugal. **O senhor**, **a senhora** (tratamento formal) se usa tanto no Brasil como em Portugal.
O pronome **tu** se utiliza no Português Europeu e no Brasil, em algumas regiões. Deste modo, ainda que apresentado ao longo do livro na conjugação verbal, não é praticado.

◇ Usamos o **presente do subjuntivo** depois de **expressões impessoais** com o verbo no presente do indicativo para, de um modo geral, expressar uma ação eventual no futuro.

É possível que hoje ainda **chova**.
É bom que vocês **cheguem** na hora certa.
É provável que ele se **atrase**. O trânsito está congestionado.
É importante que vocês **leiam** este artigo.
É necessário que ela **aprenda** uma língua estrangeira.
É preciso que vocês **acabem** logo este serviço.
É aconselhável que vocês **estudem** todos os dias.

É melhor que você **consulte** um médico.
Basta que vocês **peçam** uma autorização por escrito ao chefe.
É impossível que eles **abram** a loja antes das 8h00.
Convém que eles **comprem** à vista.
É conveniente que vocês **tragam** seus agasalhos. Está muito frio em Porto Alegre.
É normal que **haja** diferenças culturais dentro de um mesmo país.

Unidade 1　　　　　　　　　　　　　　　　　　　　　　　Exercícios

1.1. Complete com os seguintes verbos no **presente do subjuntivo**.

1. ter / eu _____
2. vir / ela _____
3. ver / ele _____
4. comprar / nós _____
5. fazer / vocês _____
6. pedir / você _____
7. abrir / eles _____
8. pagar / eu _____
9. seguir / vocês _____
10. pôr / ela _____
11. trazer / ele _____
12. vestir / você _____
13. ficar / você _____
14. despir / eles _____
15. ouvir / ela _____
16. perder / eu _____
17. conseguir / nós _____
18. ler / vocês _____
19. dormir / eu _____
20. beber / você _____
21. dizer / eles _____
22. sair / vocês _____
23. poder / ela _____
24. trabalhar / nós _____

1.2. Complete as frases com os verbos no **presente do subjuntivo**.

1. (ficar cansado) É possível que, depois de um dia de trabalho, ela *fique cansada* .
2. (ter cuidado) É conveniente que ele _____ .
3. (ouvir) É bom que eles me _____ .
4. (seguir as instruções) É aconselhável que vocês _____ .
5. (vir em casa) É possível que ele _____ .
6. (começar mais tarde) É provável que a reunião _____ .
7. (ver a Ana hoje) É normal que eu _____ .
8. (comer tanto) É melhor que você não _____ .
9. (ler o artigo) Convém que vocês _____ .
10. (pagar com cartão de crédito) É preferível que os senhores _____ .
11. (pôr o casaco) É conveniente que você _____ .
12. (fazer barulho) É bom que vocês não _____ .
13. (sentir frio) É normal que ela _____ .
14. (levar uns amigos) É provável que nós _____ .
15. (pedir as chaves ao porteiro) Basta que você _____ .

1.3. Transforme as seguintes frases de maneira a usar **expressões impessoais** seguidas do verbo no **presente do subjuntivo**.

1. Provavelmente eles ganharão o jogo.
   É provável que eles ganhem o jogo.
2. Possivelmente você encontrará o Pedro lá na praia.

3. Ele precisa investir melhor o dinheiro dele.

4. A senhora precisa fazer uma dieta.

5. Possivelmente você conseguirá este emprego.

6. Necessitamos estudar mais português.

7. Provavelmente ainda farei alguns erros.

8. Provavelmente ficarei em casa.

9. Você precisa cuidar mais da sua alimentação.

10. Possivelmente ela precisará de repouso.

11. Possivelmente eles virão me visitar.

12. Provavelmente você não se sentirá à vontade.

13. Possivelmente ainda nos vemos hoje.

14. Possivelmente você vai ficar morto de cansado.

Unidade 2

presente do subjuntivo com conjunções e locuções
verbos irregulares

presente do subjuntivo

verbos irregulares

	dar	estar	haver	ir	querer	saber	ser
eu	dê	esteja		vá	queira	saiba	seja
tu	dês	estejas		vás	queiras	saibas	sejas
você / ele / ela	dê	esteja	haja	vá	queira	saiba	seja
nós	dêmos	estejamos		vamos	queiramos	saibamos	sejamos
vocês / eles / elas	deem	estejam		vão	queiram	saibam	sejam

◊ Usamos o **presente do subjuntivo** depois de determinadas **conjunções** e **locuções** para, de um modo geral, expressar eventualidade no futuro.

conjunções/locuções

concessivas: indicam um fato que poderia contrariar a realização da ação expressa na oração principal.

embora **mesmo que** **ainda que** + presente do subjuntivo **nem que**	*Embora* o tempo **esteja** bom, não vou sair. *Mesmo que* **chova**, o churrasco ainda está de pé. *Ainda que* eu **esteja** cansada, vou ajudá-la no dever de casa. Não pago a conta, *nem que* **chamem** a polícia.

condicionais: indicam uma hipótese ou uma condição de que depende a ação expressa na oração principal.

caso **sem que** **desde que** + presente do subjuntivo **a menos que** **a não ser que**	*Caso* **haja** necessidade, vou falar com o advogado. *Sem que* você **veja** o filme, não pode dizer se é bom ou ruim. Temos aulas, *desde que* não **haja** greve dos professores. Telefone para mim, *a menos que* **venha** muito tarde do forró. Ele não lhe ouve, *a não ser que* **fale** alto.

finais: indicam a finalidade da oração principal.

para que **a fim de que** + presente do subjuntivo	Vá de táxi *para que* não **chegue** atrasado. *A fim de que* **obtenhamos** melhores resultados, teremos que investir mais.

temporais: exprimem uma ideia de tempo, indicando anterioridade (1) e posterioridade (2).

antes que (1) **até que** (2) + presente do subjuntivo	Coma um pedaço de bolo *antes que* **acabe**. *Até que* **deem** novas instruções, continuem o trabalho normalmente.

Unidade 2   Exercícios

2.1. Complete com os seguintes verbos no **presente do subjuntivo**.

1. querer / eu _____
2. saber / nós _____
3. estar / ele _____
4. dar / ela _____
5. ser / vocês _____
6. ir / você _____
7. ser / eu _____
8. haver _____
9. ir / nós _____
10. saber / ele _____
11. querer / você _____
12. estar / nós _____
13. dar / eu _____
14. estar / eles _____
15. saber / você _____
16. ser / ela _____
17. ir / eu _____
18. querer / vocês _____
19. ir / ela _____
20. ser / você _____
21. estar / eu _____
22. querer / nós _____
23. dar / eles _____
24. saber / eu _____

2.2. Complete as frases com o **presente do subjuntivo**.

1. Mesmo que ela _____ (encontrar) a carteira, é normal que o dinheiro não _____ (estar) lá.
2. Tome nota na agenda para que não _____ (esquecer-se) da reunião.
3. Sem que vocês _____ (fazer) os exercícios, não têm como aprender.
4. Caso eu não _____ (poder) ir, telefono para vocês avisando.
5. Embora ele _____ (ser) riquíssimo, leva até uma vidinha bem modesta.
6. Caso _____ (querer) a minha ajuda, é só pedir. Não faça cerimônia.
7. Todos têm que treinar, mesmo que _____ (estar) caindo um toró.
8. Embora ela _____ (ter) um bom currículo, não foi aceita para a vaga.
9. Antes que sua mãe _____ (chegar), escove os dentes.
10. Não podem tirar conclusões sem que _____ (saber) os resultados da enquete.
11. Desde que não _____ (haver) inconveniente, podemos deixar o jantar para sábado.
12. Vamos chegar tarde, a não ser que vocês _____ (apressar-se).
13. Não lhe diga nada, a menos que ela _____ (perguntar).
14. Vou me arrumar antes que eles _____ (chegar).
15. Não falo mais com ele, nem que me _____ (pedir) desculpa.
16. Coma a sopa, antes que ela _____ (esfriar).
17. Corra, antes que _____ (perder) o último metrô!
18. Não pego engarrafamento, desde que _____ (sair) bem cedo.
19. Use este amuleto, para que lhe _____ (dar) sorte no amor.

2.3. Altere as seguintes frases sem lhes modificar o sentido. Siga o exemplo.

1. Ela é uma excelente funcionária, mas chega sempre atrasada.
   Embora *ela seja uma excelente funcionária, chega sempre atrasada.*
2. Tenham cuidado para não quebrarem nada.
   Tenham cuidado para que _____
3. Apesar de ele saber bem inglês, não foi admitido.
   Embora _____
4. No caso de não haver ingressos para o teatro, vamos para minha casa.
   Caso _____
5. Se a senhora não abre uma conta corrente, não recebe o cartão de débito.
   Caso _____
6. Sem falar com ele primeiro, não posso tirar conclusões.
   Sem que _____
7. Vamos encomendar mais salgadinhos e docinhos no caso de ele vir com a família toda.
   Caso _____
8. Não o conheço pessoalmente, mas falamos muito por telefone.
   Embora _____
9. Leve o mapa da cidade no caso de não conseguir encontrar a pousada.
   Leve o mapa da cidade caso _____
10. Até estar completamente sarado, não deve sair.
    Até que _____
11. Podem até me oferecer estes pacotes, mas não compro mais nada nesta agência.
    Nem que _____
12. Empresto-lhe o carro, mas tem que dirigir com cuidado.
    Empresto-lhe o carro, desde que _____

Unidade 3

presente do subjuntivo introduzido por verbos ou expressões de desejo, ordem, dúvida, sentimento, etc.

◊ Usamos o **presente do subjuntivo** para expressar ações eventuais no futuro em frases introduzidas pela conjunção **que** e antecedidas por verbos ou expressões que exprimam **desejo**, **ordem**, **dúvida**, **sentimento**, etc., conjugados no presente do indicativo.

	presente do indicativo		
verbos	agradecer desejar duvidar esperar exigir gostar lamentar pedir preferir proibir querer recear sentir sugerir	+ que	+ presente do subjuntivo
expressões	ter dúvidas[1]/duvidar[2] ter medo que pena		

Espero que amanhã **faça** sol.
Quer que eu lhe **ajude**?
Lamentamos que vocês não **possam** participar do evento.
Duvido que ele **esteja** certo.
Receio que eles se **percam** na cidade.
Prefiro que **venham** mais cedo.
O professor *pede que* **prestem** mais atenção durante a aula.

Ela só *deseja que* tudo **corra** bem.
Agradeço que **estejam** todos reunidos hoje para nossa reunião.
Exijo que me **contem** toda a verdade.
Proíbo que me **trate** dessa maneira.
Sinto muito *que* você não **possa** estar presente na minha festa de formatura.
Sugiro que **vá** primeiro ao médico.
Não gosto que você se **maquie** assim.

Que pena que ele **tenha** que trabalhar no domingo.
Temos nossas *dúvidas que* ele **consiga** este emprego.
A Ana *tem medo que* o marido **seja** despedido.

[1] A expressão *ter dúvidas + que + presente do subjuntivo* é geralmente precedida do pronome possessivo que concorda com o sujeito da oração.
Tenho minhas *dúvidas que* ela **chegue** a tempo.
[2] Quando o pronome possessivo não é usado, usamos o verbo *duvidar*.
Duvido que ela **chegue** a tempo.

Unidade 3 — Exercícios

3.1. Complete com os verbos no **presente do subjuntivo**.

1. (correr bem) Espero que a viagem _corra bem._
2. (saber tantas línguas) Duvido que ele _____
3. (poder ficar) Lamento que a Teresa não _____
4. (dar todas as informações) Agradecemos que os senhores nos _____
5. (esquecer o assunto) Prefiro que você _____
6. (sentir-se bem) Só desejamos que a senhora _____
7. (estar melhor) Espero que o seu marido _____
8. (vir comigo) Quero que você _____
9. (fazer barulho) Receio que eles _____
10. (devolver o dinheiro) Exijo que a loja me _____
11. (ser um bom aluno) Queremos que você _____
12. (haver algum problema) Tenho medo que _____
13. (ligar mais tarde) Prefiro que o senhor me _____
14. (conseguir um táxi) Duvido que a estas horas você _____
15. (jantar conosco) Lamento que vocês não _____
16. (consultar um médico) Sugiro que você _____

3.2. Ponha os verbos no **presente do subjuntivo**.

1. Ela não admite que eu _____ (chegar) atrasado.
2. Não acredito que ela _____ (conseguir) um ingresso.
3. Duvido que eles _____ (ganhar) a final do campeonato.
4. Espero que vocês _____ (vir) sempre ao nosso clube.
5. Peço que vocês _____ (ter) um pouco de paciência.
6. Quero que _____ (ajudar) o seu irmão com o dever de casa.
7. Espero que agora você _____ (enxergar) melhor com esses óculos.
8. Prefiro que você _____ (ir) de táxi. É mais prático.
9. Quer que eu lhe _____ (dizer) a verdade nua e crua?
10. Só desejo que vocês _____ (divertir-se) muito.
11. Tenho medo que ele ainda não _____ (saber) o que aconteceu.
12. Espero que você _____ (dormir) bem hoje e que amanhã _____ (estar) melhor.
13. Duvido que ela _____ (acreditar) nessa história mal contada.
14. Peço que, da próxima vez, vocês _____ (trazer) os livros.
15. Tenho horror que vocês _____ (mentir) para mim.
16. Sinto muito que não _____ (poder) ficar mais tempo. Gostei de você!

3.3. Dê respostas curtas com os verbos no **presente do subjuntivo.**

1. — Vocês acham que já **é** tarde?
   — Esperemos que não _seja_ .
2. — Você acha que eles se **lembram** de mim?
   — Duvido que _____ .
3. — Você acha que ela **está** mentindo?
   — Eu tenho medo que _____ .
4. — Você acha que **consigo** chegar a tempo?
   — Duvido que _____ .
5. — Você acha que **há** algum problema?
   — Espero que não _____ .
6. — Você acha que ela **aceita** o meu convite?
   — Duvido que _____ .
7. — Vocês acham que ele **sabe** alguma coisa?
   — Duvidamos que _____ .
8. — Você acha que eles **vêm** hoje?
   — Espero que _____ .

Unidade 4: presente do subjuntivo em frases dubitativas e exclamativas

◇ Usamos o **presente do subjuntivo** precedido do advérbio **talvez**, em **frases dubitativas** para exprimir dúvida e/ou probabilidade.

O professor faltou à aula. **Talvez esteja** doente.

— Você vai com a gente ao barzinho?
— **Talvez** eu **vá** mais tarde. Ainda não sei.

Como foram de táxi para a rodoviária, **talvez** não **percam** o ônibus.

◇ Usamos o **presente do subjuntivo** precedido de determinadas interjeições e locuções, em **frases exclamativas** para expressar desejo.

exclamativas de desejo	
Tomara que Deus queira que Quem me dera que*	+ presente do subjuntivo

Tem feito uns dias feios ultimamente. Apesar disso, o João e os amigos combinaram de ir à praia no próximo fim de semana.

— Então? Está de pé a nossa praia amanhã?
— Claro! Está tudo combinado.
— **Tomara que** não **chova**!
— Pois é.

O Sr. Ramos não tem se sentido muito bem. Tem andado com dor de estômago. Foi ao médico e teve que ser internado.

— **Deus queira que** não **seja** nada de grave!

O Pedro está muito feliz no seu emprego. Gosta do trabalho, dos colegas e do chefe. Apenas o salário é que parece que não é muito alto.

— Ouvi dizer que vão te promover, Pedro!
— **Quem me dera que** meu chefe me **dê** um novo cargo e, com isso, ganho um aumento!

☞ * Em Português do Brasil, se usa mais frequentemente a expressão *Quem me dera* isoladamente.
   Ex.: – Você vai ganhar um aumento?
        – Quem me dera!

Unidade 4 — Exercícios

4.1. Complete as frases com o **presente do subjuntivo**.

1. Possivelmente ficaremos em casa amanhã.
   Talvez _____
2. Acho que não tem ninguém no escritório.
   Talvez _____
3. Possivelmente nos encontraremos mais tarde.
   Talvez _____
4. Provavelmente ainda há ingressos para o *show*.
   Talvez _____
5. Provavelmente vou jantar fora.
   Talvez _____
6. Possivelmente darei uma festa em casa.
   Talvez _____

4.2. Faça frases afirmativas com o **presente do subjuntivo**.

1. Não sei se tenho que trabalhar neste fim de semana.
   Talvez _____
2. Não sei se eles querem vir conosco à praia.
   Talvez _____
3. Não sei se consigo falar com ele amanhã.
   Talvez _____
4. Não sei se eles podem vir com a gente.
   Talvez _____
5. Não sei se os vejo hoje à noite.
   Talvez _____

4.3. Dê respostas que exprimam opinião contrária.

1. — Acha que ela **está** mesmo doente?
   — Talvez *não esteja* _____.
2. — Acha que eles **estão** mentindo?
   — Talvez _____.
3. — Acha que ela **sabe** o que aconteceu?
   — Talvez _____.
4. — Acha que **há** algum problema?
   — Espero que _____.
5. — Acha que ela **aceita** o convite?
   — Duvido que _____!
6. — Vocês acham que ele **traz** alguma coisa para o churrasco?
   — Duvidamos que _____.

4.4. Complete as **exclamativas** com o **presente do subjuntivo**.

1. — Ele tem estudado à beça.
   — Tomara que _____ (passar) no vestibular!
2. — Ela vai ser operada.
   — Deus queira que tudo _____ (correr) bem!
3. — Vou tentar arranjar um novo emprego.
   — Tomara que _____ (dar) certo!
4. — Amanhã é a final do campeonato.
   — Quem me dera que a gente _____ (ganhar)!
5. — Vou buscá-los no aeroporto.
   — Tomara que o avião _____ (chegar) na hora!
6. — O médico já tem os resultados dos meus exames.
   — Tomara que ele _____ (trazer) boas notícias!

Unidade 5: presente do subjuntivo depois de *por mais que*, *por muito que*, *por pouco que*, etc.

◇ As locuções **por mais que**, **por muito que**, **por pouco que**, etc., exigem o verbo no **subjuntivo** e introduzem orações subordinadas concessivas que exprimem de **forma exagerada** uma oposição ou restrição ao que está expresso na oração subordinante.

Por mais que trabalhe como um condenado, nunca sou promovido.
    Isto é, mesmo que trabalhe 24 horas por dia, 7 dias por semana, nunca sou promovido.

Por muito que me **esforce**, não consigo me lembrar do nome dele.
    Isto é, mesmo que me esforce até à exaustão, não consigo me lembrar do nome dele.

Por pouco que beba, o café me tira o sono.
    Isto é, mesmo que beba só um golinho, o café me tira o sono.

> ☞ Em Português do Brasil, a locução **por mais que** é predominantemente usada em detrimento das outras locuções.

Vejamos algumas combinações possíveis:

☐ **por** + **advérbio** (grau normal) + **que** + **presente do subjuntivo**

Por muito que me **peça**, não vou mudar a minha decisão.
Por pouco que seja, aceito a sua oferta.
Por mais que tente, não vai conseguir ser promovido.

☐ **por** + **advérbio/adjetivo** (grau superlativo) + **que** + **presente do subjuntivo**

Por muito cansado que esteja, o Luís está sempre pronto a ajudar os amigos.
Por pior que fique o tempo, o Carlos não vai perder o seu treino de futebol.
Por melhor que esteja, o senhor não pode ainda dirigir.

☐ **por** + **advérbio/adjetivo** + **nome** + **que** + **presente do subjuntivo**

Por mais dinheiro que me **ofereçam**, não vendo a casa.
Por muitos anos que viva, nunca vai gastar toda a sua fortuna.

Unidade 5 — Exercícios

5.1. Complete as frases com a forma correta dos verbos dados.

1. Por mais que _____ (comer), ela não engorda.
2. Por pouco que _____ (dormir), está sempre bem-disposto.
3. Por mais que _____ (tentar), não consigo me concentrar.
4. Por maiores que _____ (ser) as dificuldades, vamos levar adiante este projeto.
5. Por muito que _____ (dizer), ninguém mais acredita nela. Ela mente demais.
6. Por pouco esforço que _____ (fazer), fica logo exausto.
7. Por melhores que _____ (ser) as condições da firma, não mudo de emprego.
8. Por mais dinheiro que eu _____ (ganhar), nunca é o bastante para as despesas diárias.
9. Por mais cara que _____ (ser), prefiro comprar uma casa em Búzios.
10. Por mais que me _____ (sentir) cansada, vou continuar treinando.
11. Por mais que _____ (poupar), nunca tenho dinheiro para nada.
12. Por mais que ela me _____ (pedir), não mudo a minha opinião. Sou cabeça-dura!
13. Por pouco valioso que _____ (ser), não vendo o meu quadro de estimação.
14. Por muita falta que me _____ (fazer), empresto-lhe o dinheiro.
15. Por mais que eu _____ (querer), não consigo lhe perdoar.

5.2. Transforme as seguintes frases como no exemplo.

1. Ele até pode ser guloso, mas continua magrinho.
   Por mais que ele seja guloso, continua magrinho.
2. Pode chorar, mas não faço as suas vontades.
   Por mais que _____
3. Estou cansado de pensar, mas não consigo me lembrar do nome da churrascaria.
   Por _____
4. Mesmo sendo uma viagem muito longa, prefiro ir e vir no mesmo dia de avião.
5. A mãe está sempre lhe dando conselhos, mas ele só faz o que bem entende.
6. Ele vai correndo, mas já não consegue pegar o ônibus.
7. Ela não se sente nada bem, mas não quer ir ao médico.
8. Eu quero mesmo ajudá-la, mas ela não deixa. É muito orgulhosa.
9. Tenho muita pena, mas eu não vou lhe emprestar dinheiro de novo.
10. Ela é muito famosa, mas continua sendo uma pessoa simples e modesta.
11. Ele se esforça muitíssimo, mas não consegue aprender inglês.
12. Apesar do moleque ser muito malandro, vão descobrir que foi ele.

Unidade 6: presente do subjuntivo em orações relativas

◇ Usamos o **presente do subjuntivo** em **orações relativas** cujo antecedente é **indefinido** ou **indeterminado**. A oração principal tem o verbo no presente do indicativo ou no imperativo e a oração relativa tem o verbo no presente do subjuntivo.

Exprimimos, deste modo, uma ação que ainda não aconteceu e, como tal, uma incerteza, um desejo.

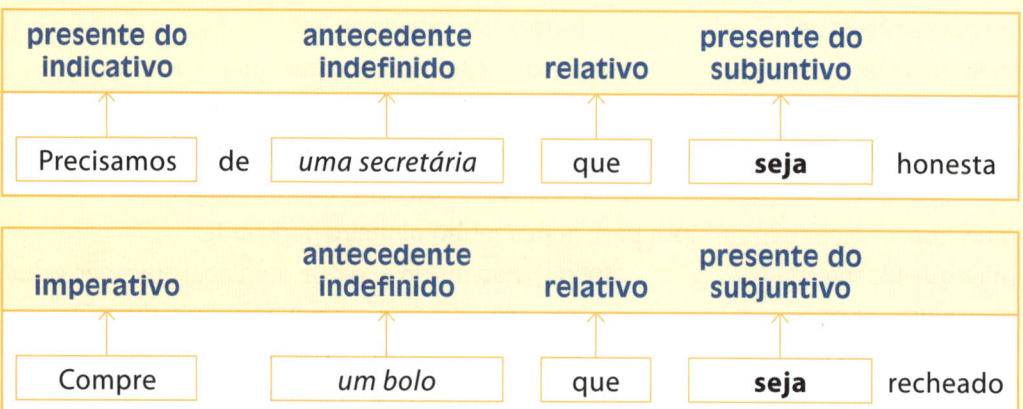

presente do indicativo		antecedente indefinido	relativo	presente do subjuntivo	
Precisamos	de	uma secretária	que	**seja**	honesta

imperativo	antecedente indefinido	relativo	presente do subjuntivo	
Compre	um bolo	que	**seja**	recheado

Quero comprar *uma casa que* **fique** fora de Curitiba.
Vamos estudar em *uma sala onde* **tenha** menos barulho.
Preciso tomar *qualquer coisa que* **mate** a minha sede.
Não conheço *ninguém que* **fale** tantas línguas como ele.
Vou à livraria comprar *um livro que* **tenha** tudo sobre a culinária baiana.

— Não tem *ninguém que* **possa** me dar uma informação?
— Só um momentinho, por favor.

— Você sabe onde tem *um caixa eletrônico* que **esteja** funcionando?
— Na Avenida Getúlio Vargas você vai encontrar um caixa 24 horas.

— Você tem *uma caneta que* **escreva** bem?
— Tenho. Pegue esta aqui.

Compare:

Vou a [*um supermercado*] *que* **fique** perto de casa → **subjuntivo**
      antecedente indefinido

Vou [*ao supermercado*] *que* **fica** perto de casa → **indicativo**
      antecedente definido

Ando à procura [*de um livro*] *que* **fale** sobre a Guerra do Paraguai → **subjuntivo**
      antecedente indefinido

Ando à procura [*do livro*] *que* **fala** sobre a Guerra do Paraguai → **indicativo**
      antecedente definido

Unidade 6 — Exercícios

6.1. Complete com o **presente do subjuntivo**.

1. — Tem alguém que _____ (poder) me dizer o preço desta blusa?
   — Só um momentinho, por favor.
2. — Tem uma caneta que _____ (funcionar)?
   — Aqui está.
3. — Há algum lugar de onde se _____ (ver) bem o Rio de Janeiro à noite?
   — Há sim, em Santa Teresa.
4. — Não tem ninguém que _____ (ir) à Caixa Econômica na hora do almoço?
   — Tem, o *office-boy*.
5. — Há alguma casa que _____ (estar) vaga em agosto?
   — Está tudo lotado, minha senhora.

6.2. Complete com o **presente do indicativo** ou do **subjuntivo**.

1. Vamos ver um filme que não _____ (ser) muito dramático.
2. Gosto dos filmes que não _____ (ter) violência.
3. Vou alugar aquela casa que _____ (ficar) perto da Prainha.
4. Prefiro dirigir um carro que _____ (ter) direção hidráulica.
5. Preciso de um produto que _____ (tirar) manchas de ferrugem.
6. Ela quer uma boneca que _____ (falar) e que _____ (andar).
7. Não consigo encontrar uma calça que me _____ (servir). Todas ficam apertadas!
8. Vamos àquele restaurante que _____ (servir) sempre um peixe fresquinho e delicioso.
9. Tragam-me qualquer coisa que _____ (matar) a minha sede.
10. Não conhecemos ninguém que _____ (saber) tanto do assunto como ele.
11. Empresta-me aquela borracha que _____ (apagar) qualquer tipo de caneta.
12. Passe-me o sal que _____ (estar) ali em cima da mesa.
13. Preciso comprar um par de sapatos que _____ (ser) confortáveis.
14. Estão contratando pessoas que _____ (conhecer) bem a região amazônica.
15. Pode me apresentar alguém que _____ (falar) português fluentemente?

6.3. Faça frases como no exemplo.

1. Gosto de laranjas com muito suco.
   Gosto de laranjas que tenham muito suco.
2. Ela prefere calça apertada.
   _____
3. Tem alguém por aí sem acesso à internet?
   _____?
4. Prefiro morar numa casinha fora da cidade.
   _____
5. Eles querem contratar uma empregada com boas referências.
   _____
6. Vamos a um restaurante perto da praia e não muito caro.
   _____

Unidade 7

presente do subjuntivo com *quem quer que*, *onde quer que*, *quer … quer …*, etc.

◇ Usamos o **presente do subjuntivo** depois de expressões como **onde quer que**, **quem quer que**, **o que quer que**, etc., e da conjunção alternativa **quer… quer**. O conteúdo da frase assim introduzida não é de maneira nenhuma importante para a concretização da ação na oração principal, reforçando, no entanto, a ideia que esta exprime.

Quem, a quem, de quem (…) Onde, por onde, para onde (…) O que Quando	quer	que	**presente do subjuntivo**
Qualquer Quaisquer			

☐ Exprime uma ação eventual, globalmente hipotética, integrando todas as alternativas possíveis, mas que não alteram a concretização da ação expressa na oração principal.

Quem quer que venha, será recebido de braços abertos.
    Isto é, receberemos todos com muito prazer.

Para onde quer que vá, ele leva sempre os seus remédios.
    Isto é, ele leva os seus remédios para todo o lado.

O que quer que coma, me dá dor de barriga.
    Isto é, não posso comer nada. Tudo me dá dor de barriga.

Qualquer que seja a pergunta, ele tem sempre uma resposta na ponta da língua.
    Isto é, ele tem sempre uma resposta na ponta da língua para todas as perguntas.

Quer	**presente do subjuntivo**	quer	**presente do subjuntivo** ou **advérbio de negação "não"**

☐ Exprime uma identidade entre duas alternativas que, no entanto, não afetam o resultado final, isto é, não impedem a concretização da ação expressa na oração principal.

Quer esteja estudando **quer esteja** de férias, ele sempre se levanta cedo.
    Isto é, ele se levanta sempre cedo, mesmo de férias.

Quer queira quer não, você vai ter que me ouvir.
    Isto é, você vai ter que me ouvir, mesmo que não queira.

Quer percam quer ganhem o jogo, já estão classificados para as semifinais.
    Isto é, independentemente do resultado do jogo, eles já estão classificados para as semifinais.

Unidade 7 — Exercícios

7.1. Complete com o **presente do subjuntivo**.
1. Quem quer que _____ (vir), será bem-vindo.
2. Ele faz o que quer que _____ (ser) para subir na vida.
3. Para onde quer que _____ (ir), sempre se divertem à beça.
4. Por onde quer que _____ (vir), vão pegar um trânsito daqueles.
5. O que quer que _____ (dizer), já ninguém acredita nele.
6. Quem quer que _____ (ligar), diga que eu não estou.
7. Por onde quer que eles _____ (passar), são aclamados.
8. Qualquer que _____ (ser) o problema, é melhor abrir o jogo logo.
9. Dou o meu ingresso a quem quer que _____ (ser).
10. Espero que seja feliz com quem quer que você _____ (casar-se).
11. Onde quer que o dinheiro _____ (estar), está bem guardado.
12. O cachorro come o que quer que a gente _____ (pôr) na tigelinha.
13. Quaisquer que _____ (ser) as dificuldades, temos que enfrentá-las.
14. Quem quer que _____ (querer) a vaga, tem que passar pela entrevista antes.
15. O que quer que você _____ (fazer), tem que ser bem feito.

7.2. Complete com o **presente do subjuntivo**.
1. Quer você _____ (gostar) quer não, tem que ir ao dentista.
2. Vamos à praia, quer _____ (estar) chovendo quer _____ (estar) sol.
3. Quer eles _____ (estar) em casa quer não, vou até lá fazer uma surpresa.
4. Vocês têm que pagar, quer _____ (querer) quer não. Caso contrário, chamamos a polícia.
5. Quer você _____ (ir) à sua casa quer _____ (ficar) aqui, tem que comprar qualquer coisa para comer.
6. Quer _____ (vir) comigo quer _____ (ir) com eles, tem sempre que se levantar cedo.
7. Quer ele _____ (bajular) o chefe quer não, não consegue ser promovido.
8. Quer _____ (saber) a resposta quer não, tem que esperar a sua vez.
9. Ela está sempre com frio quer _____ (pôr) a japona quer _____ (pôr) o casaco.
10. Quer _____ (deitar-se) cedo quer não, estou sempre morrendo de sono.

7.3. Faça frases como no exemplo.
1. onde / estar // vou encontrá-los.
   Onde quer que estejam vou encontrá-los.
2. qualquer / ser / o presente // acho que vou gostar.

3. o que / (você) dizer // agora não tem mais importância.

4. quem / fazer / isso // tem que fazer direitinho.

5. aonde / (eles) ir // eles se encontram sempre.

6. a quem / (você) perguntar // a resposta será a mesma.

7.4. Faça frases como no exemplo.
1. quer… quer / querer // têm que fazer esta prova.
   Quer queiram quer não, têm que fazer esta prova.
2. quer… quer / (nós) chegar na hora / atrasar-se // o chefe está sempre de cara feia.

3. quer… quer / ter aulas // tenho que ir à faculdade.

4. quer… quer / perder / ganhar // o Waldemar sempre joga no *bicho*.

5. quer… quer / (você) vir // estou em casa o dia todo de bobeira.

6. quer… quer / (ela) estar doente // tem que ir trabalhar.

Unidade 8: indicativo e subjuntivo com verbos de opinião e expressões de certeza e evidência

◇ Depois de **verbos de opinião** na forma **afirmativa** usamos o **indicativo**; na **negativa** usamos o **subjuntivo**.

	verbos de opinião		
afirmativa	achar acreditar crer	+ que	**indicativo**
negativa	julgar parecer pensar		**subjuntivo**

Acho que ela **está** com febre.	**indicativo**
Não acho que ela **esteja** com febre.	**subjuntivo**
Acredito que a Dilma **ganha** as próximas eleições.	**indicativo**
Não acredito que a Dilma **ganhe** as próximas eleições.	**subjuntivo**
Creio que hoje **fico** em casa.	**indicativo**
Não creio que hoje **fique** em casa.	**subjuntivo**
Julgo que **vai** chover.	**indicativo**
Não julgo que **vá** chover.	**subjuntivo**
Parece-me que **está** muito preocupado.	**indicativo**
Não me parece que **esteja** muito preocupado.	**subjuntivo**
Penso que **posso** resolver o assunto logo.	**indicativo**
Não penso que **possa** resolver o assunto logo.	**subjuntivo**

◇ Depois de **expressões** que exprimem **certeza** ou **evidência**, usamos o **indicativo** quando estão na **afirmativa** e o **subjuntivo** quando estão na **negativa**.

	expressões de certeza e evidência		
afirmativa	é claro é evidente é lógico é óbvio é verdade	+ que	**indicativo**
negativa			**subjuntivo**

É evidente que ele **é** um bom aluno.	**indicativo**
Não é evidente que ele **seja** um bom aluno.	**subjuntivo**
É óbvio que ela **está** mentindo.	**indicativo**
Não é óbvio que ela **esteja** mentindo.	**subjuntivo**
É verdade que ele **come** mais que o irmão.	**indicativo**
Não é verdade que ele **coma** mais que o irmão.	**subjuntivo**

Unidade 8 — Exercícios

8.1. Complete com o **presente do subjuntivo**.
1. Creio que vocês sabem a resposta.
   Não creio que _____
2. Achamos que é necessário contratar mais gente.
   Não achamos que _____
3. Penso que o filho dela já tem barba e bigode.
   Não penso que _____
4. Acho que eles vêm de bonde.
   Não acho que _____
5. Acho que há muito engarrafamento nesta hora do *rush*.
   Não acho que _____
6. Acho que você tem razão.
   Não acho que _____
7. Acredito que está na hora de ir embora daqui.
   Não acredito que _____
8. Julgo que o tempo vai melhorar na semana que vem.
   Não julgo que _____
9. Acho que ele está de cama.
   Não acho que _____
10. Parece que vão trazer presentes para todo mundo.
    Não parece que _____
11. Acho que você consegue passar no exame do Detran.
    Não acho que _____

8.2. Responda como no exemplo.
1. — Você acha que devo falar com ele?
   — *Não acho que você deva falar com ele.*
2. — Você pensa que a resposta está certa?
   —
3. — Você acredita que essa ideia é sensata?
   —
4. — Você acha que vai dar praia amanhã?
   —
5. — Você acredita que ela vai chegar na *hora H*?
   —
6. — Você acha que ela gosta de música sertaneja?
   —

8.3. Complete com o **presente do subjuntivo**.
1. É verdade que ele tem muitos amigos.
   Não é verdade que _____
2. É óbvio que eles nadam em dinheiro.
   Não é óbvio que _____
3. É lógico que eu faço o trabalho sozinho e bem feito.
   Não é lógico que _____
4. É verdade que ele está mais gordo.
   Não é verdade que _____
5. É evidente que o Zé vem amanhã filar uma boia.
   Não é evidente que _____
6. É claro que lá nos dão todas as informações com a maior boa vontade.
   Não é claro que _____
7. É óbvio que eles sabem desse assunto sigiloso.
   Não é óbvio que _____
8. É evidente que ele consegue bater o recorde de fofoqueiro do escritório.
   Não é evidente que _____
9. É lógico que a Bebel quer ficar em casa fazendo suas unhas.
   Não é lógico que _____
10. É verdade que não tenho tempo para nada.
    Não é verdade que _____

Unidade 9

indicativo *vs.* subjuntivo

Quero *aquele* bolo que **tem** chocolate.

Quero *um* bolo que **tenha** chocolate.

Compare:

indicativo	subjuntivo
Provavelmente ela não se **sente** bem aqui em casa.	É provável que ela não se **sinta** bem aqui em casa.
É verdade que ele se **aplica** mais que o colega.	Não é verdade que ele se **aplique** mais que o colega.
Achamos que os resultados **são** positivos.	Não achamos que os resultados **sejam** positivos.
Acho que **vai** chover à beça.	Não acho que **vá** chover à beça.
Estou lhe dizendo que eles **têm** dinheiro pra caramba.	Duvido que eles **tenham** dinheiro pra caramba.
Ela jura de pés juntos que o anel **é** verdadeiro.	Ela não jura de pés juntos que o anel **seja** verdadeiro.
Vamos àquele quiosque que **fica** perto da praia.	Vamos a um quiosque que **fique** perto da praia.
Quero o carro que **tem** GPS integrado.	Quero um carro que **tenha** GPS integrado.
Ela **é** boa profissional, mas nunca chega na hora marcada.	Embora **seja** boa profissional, nunca chega na hora marcada.
Se tudo correr bem, eles **vêm** amanhã cedinho.	Talvez eles **venham** amanhã cedinho.
O Chico é uma pessoa em quem se **pode** confiar de olhos fechados.	Precisamos de alguém em quem se **possa** confiar de olhos fechados.
Infelizmente ele não **pode** vir conosco ao Circo Voador, na Lapa.	Que pena que ele não **possa** vir conosco ao Circo Voador, na Lapa.
Acredito que ela **consegue** passar no vestibular.	Tomara que ela **consiga** passar no vestibular!

Unidade 9 — Exercícios

9.1. Complete com os verbos no **presente do indicativo** ou **do subjuntivo**.

1. Hoje não _____ (haver) aulas, ainda que os professores _____ (estar) na escola.
2. Acho que ela talvez _____ (ser) muito ambiciosa, mas _____ (conseguir) sempre o que _____ (querer).
3. Vejo que todos _____ (concordar) com o que eu _____ (dizer).
4. Mesmo que me _____ (pagar) melhor, não _____ (mudar) de emprego.
5. Prefiro que vocês _____ (treinar) lá fora, a não ser que _____ (estar) chovendo.
6. Não sei se eles já _____ (saber) do boato que anda correndo por aí.
7. Tenho medo que não _____ (conhecer) todo mundo que _____ (ir) à sua festa.
8. Quer _____ (querer) quer não, tem que falar com ele.
9. Não conheço nenhuma criança que _____ (ler) tão bem quanto o seu caçula.
10. Digo e confirmo que não _____ (valer) a pena comprar produtos contrabandeados do Paraguai que _____ (ser) mais baratos.
11. Não acho que você _____ (ter) razão quando _____ (dizer) que ela só _____ (interessar-se) pelo seu dinheiro.
12. É bem possível que os aviões _____ (atrasar-se), pois o tempo _____ (estar) péssimo.
13. Caso não _____ (poder) vir, me avise sem falta para que eu me _____ (organizar).
14. É provável que ele _____ (trazer) a família toda. Neste caso, eles _____ (ficar) no andar de cima mais à vontade.
15. Embora ela já _____ (falar) fluentemente português, ainda _____ (cometer) alguns erros.
16. Quando eu _____ (levar) o carro para o trabalho, nunca _____ (encontrar) "flanelinha" para cuidar dele.
17. É claro que preço e qualidade _____ (estar) diretamente ligados.
18. Apostamos que eles _____ (aceitar) a nossa proposta comercial.
19. Por mais que ela _____ (tentar) não pensar nele, não _____ (conseguir) tirá-lo da cabeça.
20. Ele não _____ (parar) de comer besteira. Tomara que não lhe _____ (fazer) mal à saúde!

9.2. Presente do indicativo ou **do subjuntivo**?

Este ano, eu e meus amigos _____ (querer) sair de férias para um lugar diferente. Se bem que ainda não _____ (ter) muito dinheiro, já _____ (dar) para irmos até Petrópolis, pois _____ (andar) poupando há muitos meses. Claro que por mais que se _____ (guardar) dinheiro _____ (parecer) que nunca _____ (ser) o bastante, mas, como _____ (dizer) meu amigo Hugo, _____ (ir) conseguir. Tomara que ele _____ (estar) certo!
É óbvio que não _____ (poder) ficar em pousadas de luxo; o mais provável é que _____ (ficar) num albergue ou que _____ (ter) mesmo que acampar, mas o que _____ (interessar) é a aventura. É claro que _____ (ter) que ser um lugar onde _____ (haver) praia – isso _____ (ser) essencial! – e onde _____ (poder) conhecer pessoas legais que _____ (estar) de férias e que _____ (querer) fazer novas amizades.
Já _____ (estar) tudo planejado: _____ (ir) na última semana de janeiro e _____ (ficar) até que o dinheiro _____ (acabar), uma a duas semanas, no máximo.
Que pena que não _____ (dar) para ficar um pouquinho mais!

Unidade 10: indicativo / subjuntivo / infinitivo

indicativo vs. subjuntivo

◊ O modo **indicativo** indica uma ação ou um fato tido como **certo**, **real**, enquanto que, em regra, o **subjuntivo** expressa uma ação ou um fato **eventual**, isto é, cuja existência ou não existência é **incerta**, **duvidosa** ou mesmo **irreal**.

Compare:

indicativo	subjuntivo
Eles só **vêm** amanhã à tardinha.	Talvez eles só **venham** amanhã à tardinha.
É claro que ela não se **sente** bem aqui.	É provável que ela não se **sinta** bem aqui.
Quero a gramática que **tem** exercícios.	Quero uma gramática que **tenha** exercícios.

consecutivas: iniciam uma oração na qual se indica a consequência do que é declarado na oração anterior.

| de (tal) forma que
de (tal) maneira que
de (tal) modo que | + presente do indicativo | exprime uma realidade |
| | + presente do subjuntivo | exprime uma eventualidade |

◊ Com estas locuções conjuntivas usamos:

☐ o **indicativo** quando pretendemos exprimir um fato, uma **certeza**.

> Ele fala *de modo que* todo mundo o **entende**.
> (É um fato que, quando ele fala, todo mundo o entende).

☐ o **subjuntivo** quando queremos exprimir uma intenção, um fim a que se pretende chegar e, como tal, **não há certeza** da sua concretização.

> Ele vai falar *de modo que* todo mundo o **entenda**.
> (Ele ainda não falou, portanto, não há certeza de que todo mundo vá entendê-lo).

subjuntivo vs. infinitivo

	conjunções e locuções conjuntivas	preposições e locuções prepositivas
concessivas	embora, ainda que, …	apesar de, …
condicionais	caso, sem que, …	no caso de, sem, …
finais	a fim de que, de forma a que, para que, …	a fim de, de forma a, para, …
temporais	antes que, depois que, até que, …	antes de, depois de, até, …
	▼ **presente do subjuntivo**	▼ **infinitivo pessoal**
expressões impessoais	É essencial que É importante que É melhor que É preciso que É preferível que …	É essencial É importante É melhor É preciso É preferível …

Embora já **sejam** 10 horas, ainda há muito trânsito. *vs. Apesar de* já **serem** 10 horas, ainda há muito trânsito.
Caso **tenha** tempo, vou me encontrar com você. *vs. No caso de* **ter** tempo, vou me encontrar com você.
Peguem um táxi, *para que* não **cheguem** atrasados. *vs.* Peguem um táxi, *para* não **chegarem** atrasados.
Vou ao supermercado, *antes que* **comece** a chover. *vs.* Vou ao supermercado *antes de* **começar** a chover.
É melhor que você me **diga** a verdade. *vs. É melhor* você me **dizer** a verdade.

Unidade 10

Exercícios

10.1. Complete com os verbos no **presente do indicativo** ou **do subjuntivo**.

1. Esta semana não _____ (haver) aulas; _____ (ser) as férias de Carnaval.
2. Talvez _____ (ser) por timidez, mas ela não _____ (ser) nem um pouco simpática.
3. Não acho que ela _____ (querer) mudar de emprego, mesmo que _____ (ir) ganhar mais e trabalhar menos.
4. Andamos à procura de uma cobertura que _____ (dar) para ver o mar.
5. Eles compraram uma casa que _____ (ter) vista para a Lagoa.
6. Eles _____ (preferir) dirigir de noite; Deus queira que a viagem _____ (correr) bem!
7. Espero que você não _____ (importar-se) de dirigir de noite. Eu até _____ (preferir).
8. É normal que ele não _____ (lembrar-se) de mim, pois ele não me _____ (ver) há anos.
9. Por mim, nós _____ (poder) alugar um filme na locadora, a não ser que vocês _____ (querer) ir ao cinema.
10. Duvido que ela _____ (vir) sozinha; nunca _____ (deixar) os filhos com ninguém!

10.2. **Presente do indicativo** ou **do subjuntivo**?

1. Você dirige de tal maneira que ninguém _____ (querer) andar de carro com você.
2. Não dirija de forma que as pessoas _____ (ter) medo de andar de carro com você.
3. Coloque o quadro de maneira que todos _____ (ver) bem.
4. O quadro está posto de modo que todos _____ (ver) bem.
5. Ele fala de tal forma que as pessoas _____ (ficar) convencidas.
6. Você tem que falar de maneira que as pessoas _____ (ficar) convencidas.

10.3. Complete com os verbos no **presente do subjuntivo** ou no **infinitivo pessoal**.

1. Não é provável que eles _____ (aceitar) essas condições do banco, apesar de _____ (precisar) muito do empréstimo para comprar a casa própria.
2. Antes de _____ (instalar) o ar condicionado, é melhor que vocês _____ (ler) as instruções, para que não _____ (ter) dor de cabeça depois.
3. Caso não _____ (poder) comparecer à entrevista, convém que nos _____ (avisar) com antecedência, a fim de que nós _____ (poder) entrar em contato com outro candidato.
4. Embora as enquetes _____ (dar) vantagem ao partido de direita, até que se _____ (concluir) a contagem dos votos, não é possível _____ (saber) quem ganhou as eleições.
5. Sem que se _____ (saber) o resultado dos exames, é impossível _____ (fazer) com precisão o diagnóstico clínico.

10.4. Complete o texto com os verbos no **presente do indicativo**, **presente do subjuntivo** ou **infinitivo pessoal**.

Eles _____ (ir) alugar uma casa para a próxima temporada. Embora a agência imobiliária já _____ (estar) tratando do contrato de aluguel, eles _____ (querer) consultar um advogado antes de o _____ (assinar), para que este _____ (confirmar) que tudo _____ (estar) de acordo com a lei. Caso _____ (haver) alguma dúvida, é conveniente que o advogado _____ (encarregar-se) para que tudo _____ (ficar) claro, ainda que isso _____ (poder) implicar no atraso na entrega das chaves. Por outro lado, ainda _____ (haver) a questão do fiador, isso é, alguém que _____ (responsabilizar-se) pelo pagamento do aluguel no caso de o inquilino não _____ (cumprir) com as suas obrigações.

Unidade 11
pretérito imperfeito do subjuntivo em orações exclamativas e comparativas

pretérito imperfeito do subjuntivo

◇ Forma-se a partir da 3ª pessoa do plural do pretérito perfeito do indicativo, a que se retira a terminação **-ram** e se acrescenta **-sse**. Não há exceções.

	pretérito perfeito	imperfeito do subjuntivo
	3ª pessoa do plural	**1ª pessoa do singular**
estar	estive**ram**	estive**sse**
ver	vi**ram**	vi**sse**
abrir	abri**ram**	abri**sse**
pôr	puse**ram**	puse**sse**

imperfeito do subjuntivo

	-ar	-er	-ir
eu	fala**sse**	come**sse**	abri**sse**
tu	fala**sses**	come**sses**	abri**sses**
você / ele / ela	fala**sse**	come**sse**	abri**sse**
nós	falá**ssemos**	comê**ssemos**	abrí**ssemos**
vocês / eles / elas	fala**ssem**	come**ssem**	abri**ssem**

◇ Usamos o **imperfeito do subjuntivo** em frases **exclamativas** para exprimir um **desejo** e em frases **comparativas** para traduzir **situações irreais** ou **hipotéticas**.

situação fatual	desejo (sobre uma situação que não se verifica no presente)
Meus amigos estão no estrangeiro. Ela não pode vir à minha festa de debutante.	*Quisera eu que* **estivessem** aqui conosco! *Quem me dera que* **pudesse** vir!

situação fatual	situação irreal/hipotética
Ele parece um macaco subindo na árvore.	Ele sobe na árvore *como se* **fosse** um macaco. (Ele não é um macaco.)
Ela fala tão bem francês que até parece francesa.	Ela fala francês *como se* **fosse** francesa. (Ela não é francesa.)

Unidade 11

Exercícios

11.1. Complete as frases exclamativas com o **imperfeito do subjuntivo**.

1. A Terezinha quer fazer regime, mas acha que vai ser difícil se acostumar a comer pouquinho.
   Quem me dera que ela não _gostasse tanto de comer!_ (gostar)
2. O Leonardo gostaria de tirar carteira de motorista, mas não tem dinheiro para isso.
   Quem me dera que ele _____ (ter)
3. O Thiago tem que aprender inglês, mas acha que não vai conseguir.
   Quisera eu que ele _____ (conseguir)
4. A Marta quer ser dançarina, mas não pode, porque é muito alta.
   Quem me dera que ela _____ (poder)
5. Ele se preocupa demais com os problemas lá do trabalho.
   Quisera eu que ele não _____ (preocupar-se)
6. Ela não vem conosco. Tem prova amanhã.
   Quem me dera que ela _____ (vir)
7. Ele fuma muito e não consegue parar de fumar.
   Quisera eu que ele _____ (parar)
8. Moramos muito longe de Sergipe.
   Quem me dera que nós _____ (morar)
9. Estou ardendo de febre. Não me sinto nada bem.
   Quem me dera que eu não _____ (estar)
10. Já estou velha demais para sair à noite.
    Quem me dera que eu _____ (ser)

11.2. Complete as frases comparativas com o **imperfeito do subjuntivo**.

1. Da maneira como ele fala até parece que entende muito do assunto.
   Ele fala como se _entendesse muito do assunto_.
2. Eles me tratam tão bem. Até parece que sou filho deles.
   Eles me tratam como se _____.
3. Ele se comporta sempre mal. Até parece uma criança.
   Ele se comporta como se _____.
4. Não gosto do Vilmar. Acha que sabe tudo.
   Ele age como se _____.
5. Ele me ignora completamente. Até parece que eu não existo para ele.
   Ele me ignora como se _____.
6. Ela gasta muito dinheiro. Até parece que o dinheiro cai do céu.
   Ela gasta dinheiro como se _____.

11.3. Complete com o verbo no **imperfeito do subjuntivo**.

1. Ela não me conhece. Então por que é que sorriu para mim como se me _____?
2. O Sr. Mateus só tem 50 anos, mas falam dele como se _____ 80 anos.
3. Ele não é meu chefe, mas às vezes age como se _____.
4. Hoje não é seu aniversário, mas é como se _____. Vamos fazer de conta!
5. Está frio demais. É como se (nós) _____ no inverno.
6. Ela não gosta de feijoada, mas está comendo como se _____.

Unidade 12: se com **pretérito imperfeito do subjuntivo**

*Se eu **fosse** milionário, compraria um iate.*

◇ Usamos o **imperfeito do subjuntivo** em orações condicionais introduzidas pela conjunção **se**, em que a condição expressa é irreal, imaginária ou hipotética.

oração subordinada	oração subordinante
se + imperfeito do subjuntivo	futuro do pretérito

Se eu **fosse** você, não **tocaria** nesse assunto.
«**Se eu fosse você**» significa que, de fato, não sou nem poderei ser. É uma condição totalmente irreal e, como tal, a 2ª parte da frase – «não tocaria nesse assunto» – não se concretiza.

Se eu **fosse** milionário, **compraria** um iate.
«**Se eu fosse milionário**» significa que, de fato, não sou milionário e que estou apenas imaginando. É uma condição imaginária, irreal, que não se verifica no presente e, portanto, a 2ª parte da frase – «compraria um iate» – não se concretiza.

Se **fôssemos** de carro, **chegaríamos** lá mais depressa.
«**Se fôssemos de carro**» significa que *ir de carro* é uma mera hipótese que teria como consequência «chegar mais depressa» ao destino. Esta situação pode indicar:
a) uma hipótese não concretizável, porque o carro não está disponível, por exemplo;
b) uma hipótese concretizável, isto é, uma sugestão que possa ser aceita, concretizando-se assim a ação expressa na 2ª oração.

Vejamos, então, as duas situações em contexto:

a) hipótese não concretizável
— Se fôssemos de carro, chegaríamos lá mais depressa.
— É, mas não dá pois o carro está na oficina.

b) hipótese concretizável
— Se fôssemos de carro, chegaríamos lá mais depressa.
— Boa ideia. Vou pedir o carro ao meu pai.

Unidade 12

Exercícios

12.1. Complete as frases como no exemplo.
1. A Mariana viaja muito. Por isso, passa pouco tempo com a família.
   Se *a Mariana não viajasse tanto, passaria mais tempo com a família.*
2. O quarto está uma bagunça. Não consigo encontrar as minhas coisas.
   Se _____
3. O elevador não está funcionando. Temos que descer os nove andares a pé.
   Se _____
4. O anel não é de ouro. Por isso, não vale quase nada.
   Se _____
5. Você lê pouco. Por isso é que comete tantos erros no ditado.
   Se _____
6. Vocês estão sempre cochichando durante as aulas. Por isso, não aprendem nada.
   Se _____

12.2. Complete as frases de acordo com o exemplo.
1. Não ajudo você, porque você não me deixa.
   Se *você me deixasse, eu ajudaria você.*
2. Não vou falar com ela, porque não a conheço muito bem.
   Se _____
3. Não posso fazer o bolo, porque não tem ovos em casa.
   Se _____
4. Não respondo ao anúncio, porque não sei falar português.
   Se _____
5. Não brigo com você, porque hoje é seu aniversário.
   Se _____
6. Não lhe peço desculpa, porque você está errado.
   Se _____

12.3. Complete com o verbo no **imperfeito do subjuntivo**.
1. Se eu _____ (ser) você, não me meteria nesse assunto confidencial.
2. Se ela _____ (estar) aqui, responderia a essa pergunta no ato.
3. Se eu _____ (ser) mais ambiciosa, tentaria arranjar um emprego melhor.
4. Se nós _____ (ganhar) na loteria, daríamos a volta ao mundo.
5. Se nós _____ (sair) agora mesmo, chegaríamos dentro de uma hora à festa.
6. Se você _____ (saber) dirigir, eu compraria um carro novinho em folha para você.
7. Se ele _____ (pagar) as dívidas, seria mais respeitado na praça.
8. Se eles lhe _____ (dar) um milhão de reais, o que é que você faria com todo esse dinheiro?
9. Se amanhã vocês _____ (pegar) o carro do pai, poderíamos dar uma volta na Barra.
10. Se ela _____ (ver) o filme em 3D, iria gostar com certeza.

12.4. O que é que você **faria** se você **se encontrasse** nas seguintes situações?
1. Imagine: alguém lhe oferece 2 empregos, um interessante e mal remunerado, e outro monótono e bem remunerado. Qual deles é que você aceitaria?
   Se _____
2. Imagine: você encontra uma carteira na rua com 150 reais e com a carteira de identidade da pessoa. O que é que você faria?
   Se _____
3. Imagine: ao chegar em casa, você se dá conta que esta está sendo assaltada. O que é que você faria?
   Se _____
4. Imagine: seu filho ou sua filha quer se casar com alguém de diferente nacionalidade, raça ou religião. Qual seria a sua reação?
   Se _____
5. Imagine: você vê alguém roubando no supermercado. O que é que você faria?
   Se _____

Unidade 13: pretérito imperfeito do subjuntivo *vs.* presente do subjuntivo

◇ Usamos o imperfeito do subjuntivo nos mesmos casos do presente do subjuntivo quando o verbo da oração principal está no passado.
Pode traduzir uma ação **presente**, **passada** ou **futura** em relação ao momento em que se fala.

A	**Presente**	*Seria bom se eu* **tivesse** muito dinheiro; deixaria logo de trabalhar.
B	**Passado**	Na semana passada fui ao médico *para que* me **receitasse** um antibiótico.
C	**Futuro**	*Seria ótimo se* não **chovesse** no próximo fim de semana.

presente do subjuntivo | imperfeito do subjuntivo

É melhor que à noite você **pegue** um táxi.
Seria melhor que à noite você **pegasse** um táxi.

É bom que todos **possam** vir à festa.
Seria bom que todos **pudessem** vir à festa.

Vou falar com ele **para que** ele me **explique** o que aconteceu tintim por tintim.
Fui falar com ele **para que** ele me **explicasse** o que tinha acontecido tintim por tintim.

Embora esteja com sarampo, vou trabalhar.
Embora estivesse com sarampo, fui trabalhar.

Tudo tem que estar pronto **antes que** eles **cheguem** para a ceia de Natal.
Tudo tinha que estar pronto **antes que** eles **chegassem** para a ceia de Natal.

Quero comprar **uma camisola que seja** bem quentinha para o inverno em Porto Alegre.
Queria comprar **uma camisola que fosse** bem quentinha para o inverno em Porto Alegre.

Por **onde quer que** a gente **vá** pegamos sempre um trânsito daqueles.
Por **onde quer que** a gente **fosse** pegávamos sempre um trânsito daqueles.

Quer você **goste quer não**, tem que comer tudo.
Quer você **gostasse quer não**, tinha que comer tudo.

É uma pena que vocês não **fiquem** até ao fim.
Era uma pena que vocês não **ficassem** até ao fim.

É conveniente que tragam calção de banho.
Seria conveniente que trouxessem calção de banho.

Prefiro que ela não **saia** sozinha.
Preferia que ela não **saísse** sozinha.

Por mais que eu **tente**, não consigo emagrecer.
Por mais que eu **tentasse**, não conseguia emagrecer.

Por mais que coma, não consegue engordar.
Por mais que comesse, não conseguia engordar.

Hoje em dia **talvez haja** mais violência na televisão.
Antigamente **talvez houvesse** menos violência na televisão.

Unidade 13

Exercícios

13.1. Complete as seguintes frases com o **imperfeito do subjuntivo**.

1. A Amélia queria fazer medicina, mas, para entrar na universidade, era preciso que:
   _____ (ter) notas muito altas;
   _____ (haver) vagas;
   _____ (estudar) muito;
   os pais lhe _____ (pagar) a matrícula.

2. Para que o Gustavo e o Dirceu pudessem ir passar o fim de semana na casa de uns amigos, era preciso que:
   _____ (pedir) autorização aos pais;
   o pai lhes _____ (emprestar) o carro;
   _____ (fazer) os deveres de casa;
   _____ (dar) o endereço e o telefone dos pais dos amigos aos seus pais.

13.2. Transforme as seguintes frases como no exemplo.

1. Embora ele seja acanhado, vai conosco à festa.
   Embora ele fosse acanhado, foi conosco à festa.
2. É possível que dê tempo para acabar o trabalho hoje mesmo.
   Era possível que desse tempo para acabar o trabalho hoje mesmo.
3. Ele acha uma boa ideia que os filhos pratiquem um esporte na escola.
   _____
4. Talvez eu possa ir ao cinema com vocês hoje à tardinha.
   _____
5. Eles esperam que não seja nada grave.
   _____
6. Pode ser que o novo tratamento dê resultado.
   _____
7. É uma pena que ela não esteja aqui com a gente.
   _____
8. Não há ninguém que possa me ajudar na mudança.
   _____
9. Mesmo que seja caro, eu não estou nem aí. Meu marido é rico.
   _____
10. Quero que você vá ao supermercado comprar um pé de alface.
    _____
11. Não há nada que eu possa fazer, nesse momento, por você.
    _____
12. Por muito que lhe implorem, ela não vai mudar de ideia.
    _____
13. Quer queira quer não, tem que cortar o cabelo.
    _____
14. Prefiro mudar para uma casa onde tenha um quintal.
    _____
15. Quero tanto que você venha à minha festa de São Cosme e São Damião!
    _____

13.3. Complete o texto com os verbos no **imperfeito do indicativo** ou no **imperfeito do subjuntivo**.

Ontem, o Jorge teve um desentendimento com um colega no escritório, mas quis resolver a questão antes de sair. Enquanto arrumava a escrivaninha, pensava:

«O que _____ (ser) legal agora, _____ (ser) voltar para casa numa boa. Mas talvez eu _____ (ter) que falar com ele primeiro para que nós _____ (dar) um jeito nessa situação. Se nós _____ (conseguir) esclarecer tudo, _____ (ficar) com a consciência tranquila e não _____ (pensar) mais no assunto.
E se ele não _____ (querer) falar comigo? Não, isso não. Por mais que ele não _____ (querer), _____ (ter) que me ouvir. Quer _____ (gostar) quer não, _____ (ter) que me dar uma chance para pôr os pingos nos "is".
E se ele já não _____ (estar) mais no escritório? Então tudo _____ (voltar) à estaca zero e amanhã eu _____ (tomar) uma decisão antes que _____ (ser) tarde demais.»

Unidade 14

futuro do subjuntivo com conjunções e locuções

Quando **forem** 7 horas, venha me acordar.

◇ Forma-se a 1ª pessoa do singular do futuro do subjuntivo, retirando a terminação **-am** da 3ª pessoa do plural do pretérito perfeito do indicativo. Não há exceções.

	pretérito perfeito	futuro do subjuntivo
	3ª pessoa do plural	**1ª pessoa do singular**
comprar	compr**am**	comprar
trazer	trouxer**am**	trouxer
ir	for**am**	for
pôr	puser**am**	puser

futuro do subjuntivo

	-ar	-er	-ir
eu	comprar	beber	abrir
tu	comprar**es**	beber**es**	abrir**es**
você / ele / ela	comprar	beber	abrir
nós	comprar**mos**	beber**mos**	abrir**mos**
vocês / eles / elas	comprar**em**	beber**em**	abrir**em**

◇ Usamos o **futuro do subjuntivo** depois de determinadas **conjunções** / **locuções** para expressar uma ação no futuro.

Assim que **chegarem** ao aeroporto, me telefonem.
Logo que me **sentir** melhor, vou trabalhar.
Enquanto **estiver** com febre, não pode sair de casa.
Sempre que **puder**, passe em minha casa para tomar um cafezinho.
Todas as vezes que eu **vier** ao Brasil, vou me lembrar de vocês com muito carinho.
Quando **forem** 7h00, pode me acordar.
Faça *como* **quiser**.
Trate do assunto *conforme* **achar** melhor.
Se **perguntarmos** a um policial, ele indicará o caminho certo.

Unidade 14 — Exercícios

14.1. Complete com os seguintes verbos no **futuro do subjuntivo**.

1. ser / eu _____
2. falar / nós _____
3. pôr / ele _____
4. saber / elas _____
5. vender / eles _____
6. ver / você _____
7. ir / ela _____
8. trazer / vocês _____
9. sair / eu _____
10. querer / eles _____
11. ler / nós _____
12. dar / você _____
13. pedir / ele _____
14. vir / nós _____
15. poder / você _____
16. dizer / você _____
17. dormir / eles _____
18. ter / eu _____
19. estar / ela _____
20. pôr / vocês _____
21. vir / eles _____
22. ir / nós _____
23. trazer / ele _____
24. ser / você _____

14.2. Complete com os verbos no **futuro do subjuntivo**.

1. Assim que *acabarem* (acabar) o teste, coloquem as provas em cima da mesa.
2. Se ainda _____ (haver) ingressos para o *show*, comprem um para mim.
3. Logo que nós nos _____ (mudar), mando um *e-mail* a todos avisando.
4. Todas as vezes que você _____ (errar) uma conta, tem que fazer tudo de novo.
5. Enquanto você não _____ (pôr) os óculos, vai continuar com dor de cabeça.
6. Se vocês _____ (querer), podem passar o fim de semana aqui em casa.
7. Assim que _____ (chegar) em casa, vou me deitar. Estou exausto.
8. Sempre que _____ (ir) a Maceió, vou visitar você.
9. Enquanto eu _____ (ser) bem tratado, não vejo razão para pedir as contas à patroa.
10. Trate do litígio conforme _____ (querer) com seu advogado.
11. Se eles _____ (vir) de trem, não pegam engarrafamento na estrada.
12. Quando _____ (ser) grande, quero ser médico.
13. Vocês vão ficar felizes da vida quando _____ (saber) das novidades.
14. Enquanto os transportes públicos _____ (estar) em greve, temos que ir a pé para o trabalho.
15. — Você vem trabalhar amanhã?
    — Depende como eu _____ (estar) me sentindo: se eu _____ (estar) melhor, vou; se eu _____ (ter) febre, fico em casa.

14.3. Complete as frases com os verbos no **futuro do subjuntivo**.

1. É lógico que você vai gostar quando *ouvir esta música.* (ouvir / música)
2. Traga-me um sanduíche quando você _____ (ir / botequim)
3. Você não pode avançar enquanto _____ (sinal / estar / fechado)
4. Vou morrer de saudades de vocês todas as vezes que _____ (ver / fotografias)
5. Vou lhe dar um presente especial quando _____ (fazer / aniversário)
6. Faça este trabalho como _____ (achar / melhor)

14.4. Transforme as seguintes frases, usando a **conjunção / locução** dada, seguida do **futuro do subjuntivo**.

1. Chegando em Lisboa, telefono para vocês.
   Quando *chegar em Lisboa, telefono para vocês.*
2. Indo no ônibus das 21h00, chego lá por volta da meia-noite.
   Se _____
3. Tendo um tempinho, vamos visitar você.
   Assim que _____
4. Não me sentindo melhor, amanhã vou ver um médico.
   Se _____
5. Pondo os óculos, você enxerga melhor.
   Se _____
6. Dando meia-noite, vamos cantar «parabéns para você».
   Quando _____

Unidade 15
futuro do subjuntivo em orações relativas

◊ Usamos o futuro do subjuntivo depois de:

☐ pronomes relativos invariáveis **quem** e **onde**, sem antecedentes expressos.

>**Quem** <u>vier</u> depois da hora marcada, não pode entrar.
>Fico, **onde** vocês <u>ficarem</u>.

☐ pronome relativo invariável **que**, com antecedente.

>*Aquele* que <u>vier</u> depois da hora, não poderá entrar.
> [Quem]
>
>Fico *em qualquer lugar* que vocês <u>ficarem</u>.
> [onde]
>
>Irei para *qualquer lugar* que vocês <u>quiserem</u>.
> [para onde]
>
>Vá *a qualquer lugar* que lhe <u>recomendarem</u>.
> [aonde]

◊ Exprimimos, deste modo, uma situação eventual no futuro, isto é, uma situação que poderá ou não acontecer no futuro.

◊ A frase relativa tem o verbo no **futuro do subjuntivo** e a frase principal pode ter o verbo no **presente do indicativo**, **futuro do presente**, **futuro imediato** ou **imperativo**.

frase principal	frase relativa
presente do indicativo	futuro do subjuntivo
futuro do presente	
futuro imediato	
imperativo	

<u>Fico</u> **onde** vocês <u>ficarem</u>.
(pres. ind.)   (fut. subj.)

<u>Irei</u> **para onde** vocês <u>quiserem</u>.
(fut. ind.)   (fut. subj.)

<u>Vou comprar</u> **o que** vocês <u>quiserem</u>.
(fut. imediato)   (fut. subj.)

<u>Vá</u> **aonde** lhe <u>recomendarem</u>.
(imp.)   (fut. subj.)

☞ O uso do futuro imediato (ir + infinitivo) é mais comum do que o futuro do presente do indicativo para indicar o propósito de executar uma ação a ser realizada em um futuro próximo.

Unidade 15 — Exercícios

15.1. Complete com o verbo no **futuro do subjuntivo**.

1. Todas as pessoas que _____ (ser) convidadas, vão ser bem recebidas.
2. Vou aonde vocês _____ (ir). Tenho confiança em vocês.
3. Dá-se uma recompensa a quem _____ (encontrar) a carteira.
4. Pode escolher o tema que _____ (querer) para a redação.
5. Quem _____ (ser) contra, levante a mão.
6. Faça o melhor que você _____ (poder) para a sua empresa.
7. Aqueles que me _____ (ajudar), vão ser recompensados.
8. Quem _____ (ter) dúvidas, fale comigo depois da aula.
9. Ele irá aonde nós o _____ (mandar). Ele é muito obediente.
10. Tudo o que ele _____ (dizer) sobre nós, é mentira.

15.2. Transforme as seguintes frases como no exemplo.

1. Todos os participantes do curso vão estar habilitados para uma bolsa de estudo. (a) todos os que / (b) quem
   a) *Todos os que participarem do curso, vão estar habilitados para uma bolsa de estudo.*
   b) *Quem participar do curso, vai estar habilitado para uma bolsa de estudo.*
2. Sentem-se nos lugares indicados pelos organizadores do congresso. (onde)
   _____
3. Só as pessoas com muita paciência conseguem resolver esse enigma. (a) quem / (b) aqueles que
   a) _____
   b) _____
4. Os primeiros a chegar poderão escolher os melhores lugares. (a) os que / (b) quem
   a) _____
   b) _____
5. Os candidatos à vaga terão que se submeter a uma entrevista. (a) quem / (b) todos aqueles que
   a) _____
   b) _____
6. Os interessados devem se matricular até o fim do mês. (a) aqueles que / (b) quem
   a) _____
   b) _____

15.3. Transforme as seguintes frases de modo a usar um **pronome relativo** e o verbo no **futuro do subjuntivo**.

1. Pode experimentar **qualquer amostra**.
   Pode experimentar a amostra que quiser.
2. O professor dará um prêmio **ao aluno com as melhores notas da turma**.
   _____
3. Podem fazer um desenho sobre **qualquer tema relacionado à Ecologia**.
   _____
4. Vou gravar **toda a sua conversa**.
   _____
5. Vou com vocês **a qualquer lugar de carro**.

Unidade 16: presente e futuro do subjuntivo em orações concessivas com repetição do verbo

◇ Usamos o **presente do subjuntivo** + **elemento de ligação** + **futuro do subjuntivo**, com repetição do verbo, para expressar uma concessão absoluta, uma ausência total de condições. A ação expressa na frase principal – verbo no presente do indicativo (futuro do presente), futuro imediato ou imperativo – se realizará independentemente da dificuldade ou do obstáculo expressos na frase anterior.

presente do subjuntivo	elemento de ligação	futuro do subjuntivo	frase principal
Seja	quem	for,	não abra a porta.
Coma	o que	comer,	não consegue emagrecer.
Digam	o que	disserem,	continue sendo você mesmo.
Esteja	onde	estiver,	vou ao seu encontro.
Faça	como	fizer,	vai ter que ficar direitinho.
Haja	o que	houver,	temos que manter a calma.
Ouça	o que	ouvir,	não dê ouvidos.
Sejam	quantos	forem,	entrem todos por aqui.
Vá	por onde	for,	vai pegar engarrafamento.
Venha	quem	vier,	será recebido de braços abertos.

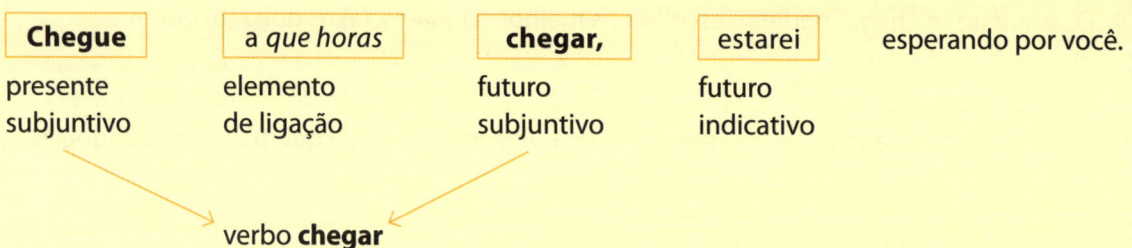

| Chegue | a *que horas* | chegar, | estarei | esperando por você. |
| presente subjuntivo | elemento de ligação | futuro subjuntivo | futuro indicativo | |

verbo **chegar**

Ele pode chegar cedo ou chegar tarde, mas, em qualquer dos casos, estarei esperando por ele.

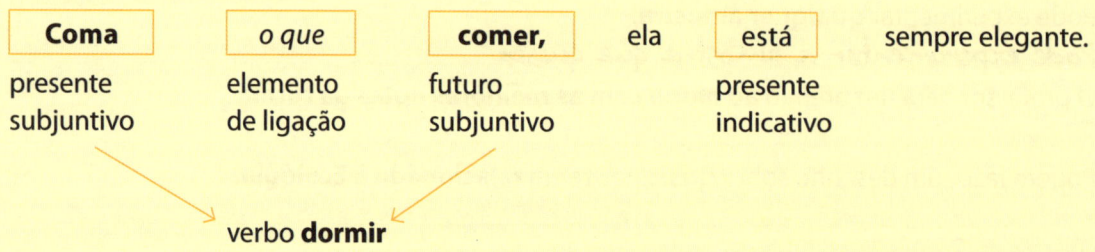

| Coma | *o que* | comer, | ela | está | sempre elegante. |
| presente subjuntivo | elemento de ligação | futuro subjuntivo | | presente indicativo | |

verbo **dormir**

Ela pode comer muito ou comer pouco, mas, em qualquer dos casos, está sempre elegante.

Unidade 16

Exercícios

16.1. Complete com o verbo na forma correta.
1. Diga o que _____, já não acredito em você.
2. _____ quem vier, será sempre bem-vindo em nossa casa.
3. Vá para onde _____, leve sempre seu passaporte.
4. _____ com quem falar, ninguém lhe dá as informações certas.
5. _____ a que horas chegarem, vamos buscá-los no aeroporto.
6. Traga o que _____, qualquer lembrancinha está bom para mim.

16.2. Transforme as seguintes frases como no exemplo.
1. Não abra a porta *a quem quer que seja*.
   Seja a quem for, não abra a porta.
2. O que quer que ponha, tudo fica bem nessa menina.
   _____
3. Vou ao seu encontro onde quer que esteja.
   _____
4. O que quer que diga, você está sempre com a razão.
   _____
5. Podem contar comigo para o que quer que seja.
   _____
6. Por onde quer que vá na Bahia, há sempre lindas praias.
   _____

16.3. Complete com os verbos dados na forma correta.
1. _____ o que _____, você tem que passar nesta prova. (haver)
2. _____ a quem _____, ninguém lhe dará uma resposta convincente. (perguntar)
3. _____ o que _____, temos que passar a lua de mel em Natal. (custar)
4. _____ onde _____, vou me encontrar com vocês para bater um papo. (estar)
5. _____ quando _____, estou em casa o dia todo. (vir)
6. _____ quais _____ as consequências, vou esclarecer este assunto logo. (ser)
7. _____ o que _____, sempre gasto tudo e não sobra nada. (ganhar)
8. _____ o que _____, ela nunca engorda. (comer)
9. _____ como _____, vai chegar sempre atrasado no serviço. (ir)
10. _____ com quem _____, ele é sempre muito simpático com todo mundo. (falar)
11. _____ o que _____, não preste atenção no que ele diz. (ouvir)
12. _____ o que _____, pode contar sempre comigo. (acontecer)
13. _____ o que _____, o chefe nunca está satisfeito com o meu trabalho. (fazer)
14. _____ o que _____, os pais nunca lhe recusam nada. (pedir)
15. _____ o que _____, ele vai todos os sábados ao cassino. (perder)

16.4. Altere as frases de modo a usar uma oração concessiva com repetição do verbo.
1. Deite-me cedo ou tarde, acordo sempre cedinho.
   _____
2. Esforce-se muito ou pouco, ninguém reconhece o seu valor.
   _____
3. Podem falar comigo ou com qualquer outra pessoa que a resposta será sempre a mesma.
   _____
4. Você até pode pensar de maneira diferente, mas o regulamento é igual para todos.
   _____
5. Há quem fale bem e quem fale mal, mas, para mim, o Pelé é o melhor jogador de todos os tempos.
   _____

Unidade 17

se com futuro do subjuntivo

◇ Usamos o **futuro do subjuntivo** em orações condicionais introduzidas pela conjunção **se**, em que a condição expressa é uma hipótese possível de se concretizar no futuro.

oração subordinada	oração subordinante
se + **futuro do subjuntivo**	presente do indicativo futuro do presente futuro imediato imperativo

☐ **futuro do subjuntivo / presente do indicativo**

Ricardo: Acho que deixei meu isqueiro na sua casa ontem. Por acaso o achou?
Raquel: Não, mas vou procurá-lo. <u>Se</u> eu o **encontrar**, eu o *entrego* para você mais tarde.

Dilma: No próximo fim de semana tenho um casamento muito chique.
O problema é que não tenho nada para vestir.
Everton: Acho que minha irmã pode emprestar alguma coisa para você.
<u>Se</u> você **for** lá em casa hoje de noite, você *prova* os vestidos dela.

☐ **futuro do subjuntivo / futuro do presente**

Antônio: Amanhã é o aniversário da Jussara. Já comprou o presente dela?
Silvana: Ainda não. Fim de mês, para mim, é complicado, porque estou sempre sem dinheiro.
Antônio: Podemos nos juntar todos e, <u>se</u> **dividirmos** o presente entre nós, *sairá* baratinho.

☐ **futuro do subjuntivo / imperativo**

Clarisse: Estamos combinando de ir à Serra do Mar no *Réveillon*. Contamos com você?
Tião: Infelizmente não posso, mas, <u>se</u> vocês **forem**, *tragam*-me aquele doce de leite delicioso.

D. Isabel: Acho que hoje vou ficar trabalhando até mais tarde.
Sr. Fernando: <u>Se</u> **sair** depois das 21h00, *ligue* o alarme, por favor.

Unidade 17 — Exercícios

17.1. Combine as frases do **grupo A** com as frases do **grupo B**.

A
- Se não puser a carne no *freezer*,
- Se eu passar na prova,
- Se nós nos levantarmos cedo,
- Se não parar de comer chocolate,
- Se for promovida,

B
- pretendo fazer um estágio na Inglaterra.
- vai ficar com dor de barriga.
- ela vai estragar.
- terei um novo escritório com vista para o mar.
- podemos pegar o ônibus das 8h00.

17.2. Ponha os verbos na forma correta.

1. Se eu _____ (ter) tempo, darei um jeitinho para lhe visitar.
2. Eu _____ (ficar) admirado se ela _____ (vir) na hora marcada.
3. Se eu apertar o botão, a porta _____ (abrir-se).
4. Se vocês _____ (chegar) cedo, deem uma ligada para mim.
5. Diga-me se _____ (precisar) de ajuda.
6. Se eu _____ (sentir-se) cansado amanhã, não vou trabalhar.
7. Se eu não _____ (pôr) os óculos, não enxergo bem de longe.
8. Se eu _____ (apressar-se), ainda chego a tempo para ver o jogo.
9. Se _____ (ser) transferido para Manaus, ponho minha casa à venda.
10. Se não _____ (ter) ninguém em casa, deixo a encomenda na portaria.

17.3. Faça frases expressando uma **hipótese** que se concretiza no **futuro**.

1. É capaz de chover. Portanto, é melhor jantarmos dentro de casa.
   Se chover, jantamos dentro de casa.
2. É bem possível que ele seja selecionado para o jogo. Ganhamos com certeza.
3. Por que é que você não pede um aumento? Provavelmente será aceito.
4. Esse quadro pode ser valioso. Nesse caso, vamos pô-lo em leilão.
5. Devo chegar mais cedo em casa. Portanto, poderei ajudar você na faxina.
6. A festa deve acabar lá para as 5h00 da madrugada. Acho que vou embora de carona mais cedo.
7. É provável que o gatinho morra. As crianças vão ficar muito tristes.
8. Por que é que você não faz o teste em março? Terá mais tempo para estudar.
9. É possível que eles não venham no voo das 20h00. Nesse caso, vou buscá-los no aeroporto.
10. Acho que não vou estar no escritório amanhã. Deixaremos a reunião para quarta-feira, sem falta.

Unidade 18: pretérito perfeito composto e futuro composto do subjuntivo

Espero que você **tenha arrumado** o seu quarto quando eu chegar.

Assim que **tiver visto** o filme, eu lhe empresto o DVD.

pretérito perfeito composto do subjuntivo

◊ Forma-se com o verbo auxiliar **ter** no **presente do subjuntivo** e o **particípio passado** do **verbo principal**.

◊ Usamos o pretérito perfeito composto do subjuntivo para falar de uma ação já realizada em relação ao presente (1) ou ao futuro (2).

> ☞ As expressões e os verbos que determinam o uso do pretérito perfeito composto do subjuntivo são os mesmos do presente do subjuntivo (unidades 1 a 7).

1. Ontem, a Maria Alice fez prova de matemática. *Duvido que* ela **tenha tirado** uma boa nota, visto que ela não estudou nada.
2. Vou sair e volto lá pelas 18h00. *Espero que* você **tenha arrumado** o seu quarto quando eu chegar.

futuro composto do subjuntivo

◊ Forma-se com o verbo auxiliar **ter** no **futuro do subjuntivo** e o **particípio passado** do **verbo principal**.

◊ Usamos o futuro composto do subjuntivo para falar de uma ação futura terminada em relação a outro fato também futuro.

> ☞ As expressões e os verbos que determinam o uso do futuro composto do subjuntivo são os mesmos do futuro do subjuntivo (unidade 8).

Quando **tiverem terminado** o trabalho, podem sair.
Assim que **tiver visto** o filme, eu lhe empresto o DVD.
Se até às 10 horas ninguém **tiver chegado**, cancelem a reunião.

Unidade 18 — Exercícios

18.1. Complete com os verbos no **pretérito perfeito composto do subjuntivo**.

1. Embora ela já _____ (sair) há muito tempo, ainda não chegou a casa.
2. Só espero que você _____ (dizer) a verdade.
3. Aonde quer que eles _____ (ir), já deveriam estar aqui.
4. Caso você já _____ (ler) o livro, você pode me emprestá-lo amanhã.
5. Não saio daqui até que vocês _____ (tomar) uma decisão coerente.

18.2. Complete as frases como no exemplo.

1. Talvez o doutor já esteja no consultório.
   Talvez o doutor já _tenha chegado_ no consultório. (chegar)
2. Tenho medo que ela esteja viajando.
   Tenho medo que ela _____ para o exterior. (ir)
3. É provável que ele esteja doente depois de tudo o que comeu.
   É provável que ele _____ doente depois de tudo o que comeu. (ficar)
4. Duvido que vocês já estejam prontos quando eu chegar em casa.
   Duvido que vocês já _____ quando eu chegar em casa. (arrumar-se)
5. É possível que ela esteja ofendida com o que eu lhe disse.
   É possível que eu a _____ com o que eu lhe disse. (ofender)

18.3. Complete com os verbos no **futuro composto do subjuntivo**.

1. Assim que eles _____ (mudar-se), vou visitá-los.
2. Só quando você _____ (fazer) os deveres de casa é que poderá brincar com seus amiguinhos.
3. Enquanto os jovens não _____ (atingir) os dezoito anos de idade, não poderão comprar bebidas alcoólicas.
4. Logo que nós _____ (receber) todas as inscrições, abriremos uma nova turma de português.
5. Quando os professores _____ (corrigir) todas as provas e _____ (reunir-se), as notas do vestibular serão publicadas na Gazeta do Povo.

18.4. Complete as frases como no exemplo.

1. Terminados os exames, poderei descansar.
   Quando _os exames tiverem terminado, poderei descansar._
2. Uma vez visto o museu, vamos visitar o castelo.
   Assim que _____
3. Acabando a reunião, vamos todos tomar um cafezinho na lanchonete.
   Quando _____
4. Feitas as contas, saberemos quanto cabe a cada um pagar.
   Logo que _____
5. Completando o 2º grau, poderá cursar uma escola técnica.
   Quando _____
6. Recebendo o dinheiro na 6ª feira, vou passar o fim de semana fora com a minha namorada.
   Se eu já _____

Unidade 19

pretérito mais-que-perfeito composto do subjuntivo

*Embora **tivesse ido** à festa, não se divertiu.*

◇ Forma-se com o verbo auxiliar **ter** no **imperfeito do subjuntivo** e o **particípio passado** do **verbo principal**.

◇ Usamos o **pretérito mais-que-perfeito composto do subjuntivo** para falar de:

☐ ações passadas anteriores a outras ações também passadas.

> *Embora* **tivesse ido** à festa, não se divertiu.
> *Mesmo que* eles **tivessem tido** problemas no passado, se conciliaram.

☐ ações irreais, isto é, que não se concretizaram no passado.

> O acidente foi causado por excesso de álcool.
> O motorista bebeu demais, por isso teve um acidente.
> *Se* o motorista não **tivesse bebido** tanto, não teria causado um acidente.

☐ frases exclamativas, regido pelas expressões *quem me dera que* e *quisera eu que*: o emissor lamenta que determinada ação ou fato não tenha se concretizado, ou seja, expressa o desejo de que a situação inversa tivesse ocorrido.

> O Pedro não entrou na faculdade. Os resultados foram publicados ontem e ele não foi classificado.
> — *Quem me dera que* **tivesse entrado**! Imagino como ele deve estar se sentindo. Coitado!

> Há uns anos, meu marido teve a oportunidade de ir trabalhar em uma multinacional. Naquela época, ele recusou a oferta e agora está arrependido.
> — *Quisera eu que* ele **tivesse aceitado**!

Unidade 19

Exercícios

19.1. Transforme as seguintes frases como no exemplo.

1. Com chuva, o comício teria sido um fracasso.
   Se tivesse chovido, o comício teria sido um fracasso.
2. Sem a ajuda do policial, não teria achado a rua.
3. Com calma, teria resolvido o problema sem estresse.
4. Com trânsito, nunca teria chegado para o jantar na casa do Chico.
5. De táxi, teríamos levado menos tempo.
6. Com leite condensado, o brigadeiro teria ficado mais gostoso.
7. Com mais tempo, teríamos conhecido melhor a cidade de Belém.
8. Em outras condições, teria aceitado o cargo no ministério.
9. Sem conhecimento do inglês e espanhol, não teria conseguido o emprego na TAM.
10. Sem tradução, não teria entendido nada da palestra.

19.2. Complete as frases como no exemplo.

1. Fiquei doente e faltei à inauguração do *shopping center*.
   Quem me dera que eu *não tivesse ficado doente.*
2. Pintei o cabelo e agora não suporto me olhar no espelho.
   Quem me dera que
3. Não fui ao dentista e agora estou com uma dor de dentes daquelas.
   Quem me dera que
4. Não vimos o filme e afinal me disseram que o filme era ótimo.
   Quisera eu que
5. Comi demais e agora estou passando mal.
   Quem me dera que
6. Acabei dormindo e perdi o final do filme.
   Quem me dera que
7. Não comprei os ingressos na semana passada e agora estão esgotados.
   Quem me dera que
8. Na época não tive oportunidade de falar com eles.
   Quisera eu que

Unidade 20 — pretérito mais-que-perfeito simples e composto do indicativo

pretérito mais-que-perfeito simples do indicativo (p.m.q.p.s.)

◇ Forma-se a partir da 3ª pessoa do plural do pretérito perfeito, a que se retira **-am** e se acrescentam as **terminações do p.m.q.p.s**.

	pretérito perfeito	p.m.q.p.s.
	3ª pessoa do plural	1ª pessoa do singular
estar	estiver**am**	estiver**a**
fazer	fizer**am**	fizer**a**
ir / ser	for**am**	for**a**
querer	quiser**am**	quiser**a**
trazer	trouxer**am**	trouxer**a**

	p.m.q.p.s.	
eu	estiver	**a**
tu	estiver	**as**
você / ele / ela	estiver	**a**
nós	estiver	**amos**
vocês / eles / elas	estiver	**am**

◇ Este tempo verbal é mais frequente num nível de linguagem literária e mais cuidada e menos usual na linguagem corrente, na qual se opta, normalmente, pela forma composta do pretérito mais-que--perfeito.

◇ Usa-se o **p.m.q.p.s.** para falar de:

☐ ações passadas que ocorreram antes de outras já passadas.
> A conversa **tornara-se** tão monótona que eu me desinteressei.
> Quando voltamos para casa, o sol já se **pusera**.

☐ fatos situados esporadicamente no passado.
> **Casara**, **tivera** filhos, mas nada disso lhe **alterara** a maneira de ser.

pretérito mais-que-perfeito composto do indicativo

◇ Forma-se com o verbo auxiliar **ter** no **imperfeito** do indicativo seguido do **particípio passado** do verbo principal.

◇ Usa-se para falar de ações passadas anteriores a outras também passadas, isto é, normalmente este tempo verbal – 1ª ação no passado – contrasta com o pretérito perfeito do indicativo – 2ª ação no passado.

> Peguei muito congestionamento e quando **cheguei** à escola, a aula já **tinha começado**.
>   2ª ação   1ª ação

Unidade 20 — Exercícios

20.1. Substitua as formas sublinhadas pelo **pretérito mais-que-perfeito simples do indicativo**.

1. Nunca <u>tinha</u> me <u>sentido</u> tão mal ao assistir um filme de terror.
   _____

2. Eles já estavam prontos para ir embora, mas a dona da casa <u>tinha feito</u> questão que eles pernoitassem mais uma noite.
   _____

3. Alguém <u>tinha dado</u> as informações à polícia.
   _____

4. A revista <u>tinha tido</u> o seu primeiro número no século passado, mais precisamente, <u>tinha sido</u> publicada em 1921.
   _____

5. Quando completou a universidade em 1963, o poeta já <u>tinha</u> <u>escrito</u> o seu primeiro livro.
   _____

20.2. Complete estes artigos de jornais com o verbo no **pretérito mais-que-perfeito simples do indicativo**.

1. O presidente do maior partido da oposição convocou uma audiência extraordinária, já que, no seu entender, _____ (interpretar) bem os sinais do eleitorado e _____ (perceber) que se _____ (chegar) ao fim de um ciclo de vida política nacional. Ele já _____ (dizer) anteriormente ser essa a sua última vontade.

2. Em entrevista ao nosso jornal, o diretor declarou que não previa qualquer conflito com a nova administração, uma vez que esta já lhe _____ (dar) todo o apoio e lhe _____ (garantir) que os planos que ele _____ (propor) no início do ano seriam cumpridos.

3. No seu discurso, o advogado reafirmou que o réu _____ (ser) vítima de uma emboscada. Tentou provar que _____ (haver) negligência por parte das autoridades, alegando que o réu _____ (ter) o cuidado de informar a polícia do que se estava passando e esta nada _____ (fazer) para protegê-lo.

Unidade 21

futuro do presente composto do indicativo

◊ Forma-se com o verbo auxiliar **ter** no **futuro do presente** do **indicativo** seguido do **particípio passado** do verbo principal.

futuro do presente composto do indicativo		
eu	**terei**	estado falado ido trazido visto
tu	terás	
você ele ela	**terá**	
nós	**teremos**	
vocês eles elas	**terão**	

◊ Usamos o **futuro do presente composto do indicativo** para:

☐ falar de ações futuras anteriores a outras também futuras.

> Quando *chegar* em casa, a novela já **terá acabado**.
> *Daqui a um ano* nós já **teremos** nos **mudado** para a casa nova.
> *Até amanhã* já **terei devorado** o livro todo.

☐ exprimir incerteza, desconhecimento sobre fatos passados.

> São duas horas da tarde e ainda estão dormindo. A que horas será que eles **terão ido** para a cama?
>
> O Augusto ficou de comprar os ingressos para a sessão das 22h00. **Terá conseguido** chegar a tempo para comprá-los?
>
> Tem muita gente ali em frente de casa. **Terá acontecido** um acidente?

☐ exprimir suposição sobre fatos passados.

> O **futuro do presente composto do indicativo**, neste contexto, é comum em relatos jornalísticos. Porém, o futuro do pretérito composto é mais usual (ver Unidade 22).

> Supõe-se que os contrabandistas já **terão deixado** o país.
>
> O bandido **terá assaltado** uma senhora idosa e logo depois **terá fugido** numa van branca.

Unidade 21 — Exercícios

21.1. Complete os artigos de jornal com os verbos no **futuro do presente composto do indicativo**.

1. **"O morto falou mesmo"**
   Um homem, dado como morto pelos familiares e por uma seita religiosa, _____ (ressuscitar) a caminho do necrotério da capital de Cabo Verde. O indivíduo, de 25 anos, _____ (morrer) por intoxicação alcoólica. Isto porque, à noite, _____ (beber) oito garrafas de uma forte aguardente caseira. Nessa noite, Chande, _____ (sentir) fortes dores de barriga, pelo que a família _____ (chamar) à sua casa o curandeiro que, depois de uma reza brava, _____ (garantir) que iria melhorar. Na manhã seguinte, os vizinhos _____ (ouvir) a família chorando porque o rapaz tinha falecido. O motorista, que posteriormente o _____ (transportar) para o necrotério, _____ (ficar) espantadíssimo quando ouviu o morto falar.

2. **"Atirador detido"**
   A Polícia Federal deteve um indivíduo que _____ (ferir) um outro a tiro de espingarda. Segundo testemunhas, o caso _____ (ocorrer) na noite de quarta-feira numa avenida principal da capital, onde um indivíduo conhecido por Sanches, _____ (disparar) contra um rapaz de 20 anos.

21.2. Use o **futuro do presente composto do indicativo** em frases interrogativas.

1. Desde sábado que estou tentando telefonar aos meus tios e ninguém atende.
   Terão ido viajar ? (eles / ir viajar)
2. O espelho do banheiro está quebrado.
   _____ ? (quem / quebrar)
3. Tenho uma mensagem na secretária eletrônica, mas não diz de quem é.
   _____ ? (quem / deixar)
4. As crianças já estão brincando no jardim.
   _____ ? (elas / fazer os deveres de casa)
5. A Suzana não veio para a aula de Ciências.
   _____ ? (ela / pegou uma gripe)
6. Não encontro os documentos em lugar nenhum.
   _____ ? (onde / pôr)
7. Compramos um CD de música clássica para nossa avó.
   _____ ? (ela / gostar)

21.3. Complete as frases com os verbos no **futuro do presente composto do indicativo**.

1. Até o fim do mês (nós) já _____ (acabar) a reforma da cozinha.
2. Quando ele voltar, o bebê já _____ (nascer).
3. A empregada já _____ (fazer) o jantar, quando nós chegarmos em casa.
4. Daqui a um ano (eu) já _____ (terminar) a faculdade.
5. Às nove da noite o avião já _____ (aterrissar) em Recife.
6. Às dez da noite, as crianças já _____ (ir) para a cama faz tempo.

Unidade 22: futuro do pretérito composto

◇ Forma-se o **futuro do pretérito composto** com o verbo auxiliar **ter** no **futuro do pretérito** e o **particípio passado do verbo principal**.

futuro do pretérito composto

eu	teria	
tu	terias	
você		comprado
ele	teria	dito
ela		feito
nós	teríamos	posto
vocês		visto
eles	teriam	
elas		

◇ Usamos o futuro do pretérito composto para:

☐ falar de ações que não se realizaram no passado, porque a condição de que dependiam não se realizou.

> Passei o fim de semana trabalhando. Por isso, não fui com vocês.
> *Se* não *tivesse passado* o fim de semana trabalhando, **teria ido** com vocês.
>
> Não encontraram a Eunice em casa, porque chegaram tarde demais.
> **Teriam encontrado** a Eunice em casa, *se tivessem chegado* mais cedo.
>
> Afinal não fui ao cinema, porque não tinha companhia.
> *Se eu tivesse* companhia, **teria ido** ao cinema.

☐ exprimir dúvida / incerteza relativamente a fatos passados.

> O motorista **teria adormecido**, segundo o testemunho de um dos sobreviventes. Posteriormente, a van **teria batido** no encostamento da estrada e, consequentemente, **teria capotado**.

☞ O **futuro do pretérito composto**, neste contexto, é uma estrutura típica da linguagem jornalística, ao relatar notícias das quais não se tem a certeza da veracidade dos fatos.

☐ em frases interrogativas, exprimir desconhecimento sobre fatos passados.

> Ninguém sabe ao certo as causas do acidente.
> O que é que **teria originado** o acidente?

☞ O **futuro do pretérito composto**, neste contexto, é equivalente ao futuro do presente composto do indicativo, mas reforça a noção de desconhecimento.

Unidade 22 — Exercícios

22.1. Complete com os verbos dados no **futuro do pretérito composto**.

| ameaçar | encostar | ficar | furtar | sair | utilizar |

Um uruguaio e um paraguaio foram detidos pela Polícia Federal por terem assaltado um posto de gasolina nos arredores de Foz do Iguaçu.
Os indivíduos _____ um veículo, que se acredita que _____, e, enquanto um deles _____ no carro, o outro, munido de uma navalha, _____ correndo em direção à única funcionária em serviço. Em seguida, o homem _____ a funcionária, obrigando-a a entregar todo o dinheiro que tinha no caixa.
De acordo com uma testemunha, o assalto _____ a navalha na barriga da moça, arrastando-a para os fundos do estabelecimento e ameaçando-a de morte caso ela reagisse.

22.2. Faça frases interrogativas como no exemplo.

1. Não sei se a operação correu bem.
   A operação teria corrido bem ?
2. Não sei qual foi o resultado das eleições.
   _____ ?
3. Ainda não sei quem ganhou o concurso.
   _____ ?
4. Não faço ideia porque é que ele ficou zangado comigo.
   _____ ?
5. Não tenho certeza se eles já chegaram.
   _____ ?
6. Ainda não sabemos as causas do acidente.
   _____ ?
7. Não sei porque é que o Zeca foi despedido.
   _____ ?
8. Ninguém sabe ao certo o que é que aconteceu ontem à noite.
   _____ ?
9. Não sei quem foi a pessoa responsável por essa decisão.
   _____ ?
10. Não faço ideia como é que os ladrões entraram.
    _____ ?
11. Ainda não sabemos se a resposta foi positiva.
    _____ ?

22.3. Complete as frases com os verbos no **futuro do pretérito composto**.

1. Se não tivesse deixado a porta aberta, _____
2. Mesmo se não tivesse chovido, _____
3. Se alguém tivesse lembrado mais cedo, _____
4. Caso tivessem chegado na hora, _____
5. Se você tivesse feito um seguro contra roubo, _____

Unidade 23: conjugação pronominal com o futuro do presente do indicativo e futuro do pretérito

◇ Usa-se a **interposição do pronome pessoal** (reflexivo, complemento direto ou indireto) na forma verbal sempre que o verbo estiver no **futuro do presente do indicativo** ou no **futuro do pretérito**.

◇ Destacam-se as **terminações** do **futuro do presente** ou do **futuro do pretérito**, sendo o **pronome pessoal colocado no meio, entre hifens**. No caso da 3ª pessoa do pronome pessoal complemento direto (o, a, os, as), serão feitas as alterações necessárias, devido ao fato de a forma verbal que o precede terminar em **-r** (ver *Gramática Ativa 1*, Unidade 43).

	futuro do presente do indicativo			futuro do pretérito	
eu	dar	**ei**		dar	**ia**
tu	escrever	**ás**		escrever	**ias**
você / ele / ela	far	**á**		far	**ia**
nós	ler	**emos**		ler	**íamos**
vocês / eles / elas	trar	**ão**		trar	**iam**

conjugação pronominal

dar-**te**-ei	dar-**lhes**-ia
escrever-**me**-ias	escrevê-**la**-ás
fá-**lo**-á	far-**me**-á
lê-**la**-emos	lê-**lo**-emos
trar-**lhe**-ão	trar-**te**-iam

Ainda não tive tempo para fazer o trabalho. **Fá-lo-ei** no fim de semana.
A esta hora o Miguel já acabou a prova. **Ter-lhe-á** corrido bem?
Se você estivesse no meu lugar, **dir-me-ia** a verdade nua e crua?
Telefonar-lhe-emos assim que chegarmos ao hotel.
Pagar-lhe-ia o jantar, se tivesse dinheiro na carteira.
Assim que lhe vir, **lembrar-me-ei** de você, tenho certeza absoluta disso.

☞ Determinados advérbios, conjunções e pronomes exigem o pronome pessoal <u>antes</u> do verbo. (ver *Gramática Ativa 1*, Unidade 15). Nesses casos não há interposição do pronome.

Ele **dir-nos-á** a verdade.   *vs.*   Ele **nunca nos dirá** a verdade.

☞ A interposição do pronome pessoal não é utilizada em linguagem coloquial.

Unidade 23   Exercícios

23.1. Substitua as formas assinaladas pelo **futuro do presente** ou **futuro do pretérito** e faça as alterações necessárias.

1. **Vamos falar-lhe** no assunto, assim que o virmos.
2. Experimente trabalhar com ela. **Vão dar-se** bem com certeza.
3. **Vou visitá-lo** amanhã. Hoje estou muito ocupada.
4. Eles **vão trazer-lhe** tudo o que você pediu.
5. **Sentiria-me** melhor se pudesse falar com o médico.
6. Se eles estivessem aqui no verão, **convidaria-os** para passarem 15 dias conosco.
7. **Interessaria-lhe** ver mais catálogos sobre a exposição?
8. Os eletrodomésticos **vão ser-lhe** entregues na próxima segunda-feira.
9. O Dr. Silva **vai recebê-la** dentro de 10 minutos.
10. **Vamos nos encontrar** novamente no próximo congresso.

23.2. Ponha as frases na afirmativa e faça as alterações necessárias.

1. Não o ajudaremos outra vez.
2. Não se demitirá do cargo até o fim do ano.
3. Não lhe pedirei desculpa.
4. Não se fará como ele disse.
5. Não a cumprimentaria em ambos os casos.
6. Não lhes teria mentido, se tivesse adivinhado a sua reação.
7. Não lhes teria escrito, se soubesse que eles viriam.
8. Não teriam se perdido, se você lhes tivesse dado as mesmas indicações que me deu.
9. Não a reconheceria, se a visse outra vez.
10. Não nos veremos mais.
11. Não me oporia, qualquer que fosse a situação.
12. Não o contratarão amanhã.
13. Não se sentiria melhor, se fosse ao médico?
14. Não se darão mal, se trabalharem juntas?

Unidade 24 — discurso direto e indireto

	discurso direto	discurso indireto
pontuação	: - " " ? ! .	. (ponto final)
verbos introdutórios	contar, dizer, pedir, perguntar, querer, saber, responder, ...	contar, dizer, pedir, perguntar, querer, saber, responder, ..., seguidos de **que**, **se** ou **para**
tempos verbais e modos	• presente do indicativo • pretérito perfeito do indicativo • futuro do presente do indicativo • presente do subjuntivo • imperfeito do subjuntivo • futuro do subjuntivo • imperativo	• imperfeito do indicativo • pretérito mais-que-perfeito composto do indicativo • futuro do pretérito • imperfeito do subjuntivo • imperfeito do subjuntivo • imperfeito do subjuntivo • imperfeito do subjuntivo ou infinitivo
pessoais e possessivos	1ª e 2ª pessoa	3ª pessoa
demonstrativos	este, esse, isto, isso	aquele, aquilo
expressões de lugar	aqui, cá, neste lugar	ali, lá, aí, naquele lugar
expressões de tempo	ontem hoje amanhã agora na próxima semana	no dia anterior / na véspera nesse dia / naquele dia no dia seguinte naquele momento na semana seguinte

— Por favor, pese um quilo de laranjas para mim — pediu a Vera.
A vendedora pesou as laranjas e perguntou:
— Além disso, deseja levar mais alguma coisa?

A Vera *pediu* à vendedora | **que** lhe **pesasse** um quilo de laranjas.
para lhe **pesar** um quilo de laranjas.

A vendedora pesou as laranjas e perguntou à Vera *se* **desejava** levar mais alguma coisa.

Zico: Que tal se fizéssemos um jantar em minha casa?
Zé: Se todos concordarem, eu levo o vinho. Ganhei várias garrafas no mês passado.
Natália: Eu vou fazer um bolo de cenoura que é uma delícia!

O Zico *sugeriu que* **fizessem** um jantar na casa **dele**.

O Zé *disse que* se todos **concordassem**, **ele levava** o vinho. **Ele havia ganhado** várias garrafas no mês **anterior**.

A Natália *disse que* **ia fazer** um bolo de cenoura que **era** uma delícia.

Unidade 24

Exercícios

24.1. Passe o seguinte texto para o **discurso indireto** e faça as alterações necessárias. Use os verbos introdutores *dizer*, *referir* e *mencionar*.

Locutor: Após quatro anos de seca, chegaram finalmente as chuvas milagrosas. O nível da água subiu nos rios, atingiu o São Francisco e dava até para encher o Amazonas. Dos prejuízos da seca, passou-se para os das cheias, num inverno em que tem chovido diariamente e as previsões apontam para que continue chovendo nos próximos meses.

O locutor _____

_____

_____

_____

24.2. Agora faça a operação inversa, isto é, passe o seguinte conto popular para o **discurso direto** e faça as alterações necessárias. Atenção à pontuação!

O barbeiro disse ao padre que tinha um segredo, mas que ele não podia revelá-lo a ninguém; e acrescentou que, se não o dissesse, morreria, e, se o dissesse, o rei mandá-lo-ia matar.
Respondeu-lhe o padre que fosse a um vale, e que fizesse uma cova na terra e dissesse o segredo tantas vezes até ficar aliviado desse peso; e que depois tapasse a cova com terra.
O barbeiro assim fez; e, depois de ter tapado a cova, voltou para casa mais leve e contou tudo ao padre.

_____

_____

_____

_____

_____

_____

24.3. Ponha as seguintes frases no **discurso indireto** e faça as alterações necessárias.

1. A Paula se dirigiu ao Luís e disse:
   — Fui chamada para uma entrevista numa empresa de consultoria. A entrevista ficou marcada para quarta-feira da próxima semana.

_____

_____

2. Luís: Ótimas notícias! Parabéns! Espero que corra tudo bem e que você seja contratada.

_____

_____

3. Paula: Se conseguir o emprego, poderei realizar algumas das coisas com que sempre sonhei. Bom, o melhor é não cantar vitória antes do tempo.

_____

_____

Unidade 25 — indicativo ou subjuntivo

◇ Usamos o **modo indicativo** em <u>frases interrogativas</u>:

☐ <u>diretas</u>, introduzidas por um pronome interrogativo.

> Que horas são?
> Para quem são essas flores?
> Qual é o seu livro? Este ou aquele?
> Quantos anos você tem?
> Por que é que vocês se atrasaram?
> Por onde vocês vieram?
> Como é que vocês vão para casa?
> Quando é que eles chegam?

☐ <u>indiretas</u>, introduzidas por pronomes ou advérbios interrogativos ou, na ausência destes, pela conjunção subordinativa **se**.

> Ele quer saber *que* horas **são**.
> Gostaria de saber *para quem* **são** essas flores.
> Perguntei-lhe *qual* **era** o livro dele.
> Não sei *quantos* anos você **tem**.
> Ela quis saber *por que* é que vocês se **atrasaram**.
> Não sabemos *por onde* é que eles **vieram**.
> Ela nos perguntou *como* é que **fomos** para o hotel.
> Não sei *quando* é que eles **chegam**.
> Ela me perguntou *se* eu **queria** ir de carona com eles.

Compare:

indicativo	subjuntivo
Ela não sabe se **pode** ir com vocês.	Se **puder**, ela telefona para vocês.
Não faço ideia onde **está** o meu dicionário.	**Esteja** onde **estiver**, tenho que encontrá-lo.
Não sei quando é que a Eva **chega**.	Quando a Eva **chegar**, vou lhe contar as fofocas.
Esse bolo se **faz** com margarina ou azeite?	**Faça** como **fizer**, fica sempre gostoso.
Ainda não me disse quem é que **vem** à festa.	Quem **vier** à festa, tem que trazer o convite.

☞ Usa-se *por que* quando existe junção da proposição *por* com o pronome interrogativo *que*, pois se subentende palavras como "motivo", "causa", "razão", etc.

Unidade 25 — Exercícios

25.1. Complete com os verbos no **indicativo** ou **subjuntivo**.

1. **querer**
   Se você _____, posso levá-lo até em casa.
   Não sei se você _____ que eu leve você até em casa.

2. **fazer**
   Vou dar uma festa de arromba, quando _____ meu aniversário de 15 anos.
   Não sei direito quando ele _____ aniversário de 15 anos.

3. **chegar**
   Gostaria de saber a que horas é que eles _____.
   _____ a que horas _____, vou buscá-los no aeroporto.

4. **vir**
   Precisava saber se o Henrique e a Fabiana também _____.
   Se eles _____, temos que reservar mais uma mesa.

5. **ver**
   Não sei se eles já _____ esse filme.
   Se não _____, tenho aqui 2 ingressos sobrando.

6. **conseguir**
   Não tenho certeza se eu _____ acabar o trabalho dentro do prazo estipulado.
   Seria ótimo se eu _____ acabar o trabalho dentro do prazo estipulado.

7. **trazer**
   A D. Flor me perguntou se eu lhe _____ algum presente da Europa.
   Se eu lhe _____ algum presente, tinha logo lhe dado.

8. **ter**
   Gostaria de saber quando é que você _____ tempo para fazer a tão esperada reunião.
   Quando _____ tempo, avise-me com antecedência.

9. **ir**
   Ela me perguntou como é que eu _____ para o trabalho.
   _____ como _____, eu demoro em média 1 hora.

10. **estar**
    Preciso que você me diga onde _____ colocados os horários de expediente.
    Estejam onde _____ vou achá-los.

25.2. Escolha o verbo adequado e complete as frases com o **indicativo** ou **subjuntivo**.

| dizer | encontrar | ir | sair | pôr | querer | ser | ter | ver | vir |

1. Conta para mim como é que _____ as suas férias no Nordeste.
2. Não sei aonde _____ a minha carteira.
3. Ele vai para onde ela _____.
4. Quem _____ depois da hora, não poderá mais entrar.
5. _____ o que _____, não há razão para esse seu comportamento infantil.
6. Gostaria de saber a que horas _____ a próxima barca.
7. Faça como _____. Para mim dá na mesma.
8. Queria saber se ainda _____ ingressos para a sessão das 21h30.
9. Se eu o _____ ontem, já teria lhe dito que ganhei na loteria.
10. Quando você _____ o filme, vai entender porque é que foi tão aplaudido pelos críticos.

Unidade 26: gerúndio simples *vs.* gerúndio composto

gerúndio simples

◇ Usamos o gerúndio para:

☐ exprimir causa
Sabendo que você vinha, fiquei em casa. = Como sabia que você vinha, fiquei em casa.

☐ exprimir tempo
Saindo de casa, encontrei a Suzana. = Ao sair de casa, encontrei a Suzana.
Quando saía de casa, encontrei a Suzana.

☐ exprimir condição
Tendo febre, tome estes comprimidos. = Se tiver febre, tome estes comprimidos.

☐ exprimir modo
Eu me distraía **ouvindo** a música do vizinho. = Eu me distraía com a música do vizinho.

☐ substituir uma oração coordenada começada pela conjunção *e*.
Os guarda-sóis voavam com o vento *e* caíam em cima das pessoas.
Os guarda-sóis voavam com o vento, **caindo** em cima das pessoas.

gerúndio composto

◇ Forma-se com o verbo auxiliar **ter** no **gerúndio** seguido do **particípio passado do verbo principal**.

◇ Usa-se nos mesmos casos do gerúndio simples para exprimir uma ação concluída no passado.

Tendo tido febre, não fui à escola. = Como tive febre, não fui à escola.
Tendo achado passagens mais baratas, = Se tivesse achado passagens mais baratas,
eu teria vindo antes. eu teria vindo antes.

gerúndio

simples	composto
Exprime uma ação em curso, simultânea ou imediatamente anterior ou posterior à expressa pelo verbo da ação principal.	Exprime uma ação concluída, anteriormente à expressa pelo verbo da ação principal.

A mãe observava, **sorrindo**, as brincadeiras dos filhos no quintal.
Tendo febre, tem que ficar de cama em casa.
Batendo a porta, saiu sem dizer nada.
Estando com uma enorme dor de cabeça, a Priscila não conseguiu dar aula.
Tendo viajado a manhã toda, estou com as pernas inchadas.
Tendo dito tudo o que tinha para dizer, foi embora.

Unidade 26

Exercícios

26.1. Transforme as seguintes frases e faça as alterações necessárias.
1. O Leonardo perdeu o controle da van e bateu no muro.
   Tendo perdido o controle da van, o Leonardo bateu no muro.
2. Como bateu no muro, a van ficou toda amassada.

3. O Leonardo foi levado para o hospital e foi internado.

4. Ficou sob observação e teve alta em uma semana.

5. Como não se sentia totalmente recuperado, resolveu tirar uns dias de férias.

6. Depois do susto que levou, decidiu que o melhor era não dirigir mais carro nenhum.

7. E pensou: "Se for de ônibus, é muito mais seguro".

26.2. Faça frases, iniciando-as com o **gerúndio simples** ou **composto**.
1. Quando eu passar por São Luís, vou visitar vocês.
2. Como já acabaram as provas do vestibular, o Cristóvão foi ontem para a praia.
3. Se pegar um táxi, pode ser que não chegue atrasado à rodoviária.
4. Se tivessem esclarecido a situação, não teria tanta algazarra.
5. Como já vi essa peça de teatro, não me importo de tomar conta das crianças.
6. Quando acabar o estágio, vou tentar o concurso público.
7. Se eu tivesse pensado melhor, não teria aceitado o trabalho no ministério.
8. Se vierem pela estradinha de terra, tenham cuidado com os buracos.
9. Como não lhes dei autorização para tirar férias, ficaram muito sentidos comigo.
10. Caso tragam as crianças, avisem-me para eu preparar um lanchinho.

26.3. Complete as seguintes frases, usando a forma **simples** ou **composta do gerúndio**.
1. _____, é melhor consultar um médico.
2. _____, tive que voltar para casa mais cedo.
3. _____, terá direito a um desconto.
4. _____, me dei conta que tinha esquecido a carteira.
5. _____, teria tido melhores notas.
6. _____, prefiro comer em casa.

Unidade 27: infinitivo impessoal e infinitivo pessoal simples e composto

◊ Usamos **infinitivo impessoal** quando:

- ☐ não nos referimos a nenhum sujeito.

  É proibido fumar em recintos fechados.

- ☐ o sentido da frase já indica qual é o sujeito.

  Trabalhamos para subir na vida.

- ☐ tem valor de imperativo.

  Não jogar lixo no chão.

◊ Usamos o **infinitivo pessoal** quando:

- ☐ há necessidade de indicar o **sujeito**.

  Antes de sairmos de casa, precisamos desligar tudo.

- ☐ pode haver dúvidas quanto à identificação do sujeito.

  Acho melhor não saírem agora; está chovendo granizo.

☞ O infinitivo é a única forma nominal que pode apresentar flexão de pessoa e número: **infinitivo pessoal** (ver *Gramática Ativa 1*, Unidade 28)

◊ O infinitivo pessoal apresenta uma **forma simples** e outra **composta**.

◊ O **infinitivo pessoal composto** forma-se com o verbo auxiliar **ter** no *infinitivo pessoal simples* e o **particípio passado do verbo principal**.

infinitivo pessoal	
simples	**composto**
Aspecto não concluído (indica uma ação decorrendo ou que ainda nem se iniciou)	Aspecto concluído (indica uma ação terminada em relação a outra)

Compare:

Aluguei este livro para **lermos** na viagem.
Depois de **termos lido** o livro, vamos devolvê-lo à biblioteca.

No caso de **escolherem** esta marca de carro, vocês não vão se arrepender.
No caso de já **terem escolhido** outra marca, nós trocamos para vocês.

Apesar de não me **sentir** muito bem, vou com vocês ao baile *funk*.
Apesar de não **ter** me **sentido** bem durante a noite, fui trabalhar hoje.

Unidade 27 — Exercícios

27.1. Complete com os verbos no **infinitivo pessoal composto**.

1. Depois de _____ (acabar) de comer, tirem a mesa.
2. Apesar de _____ (passar) no vestibular, não ganhei nenhum presente dos meus pais.
3. Viajaram 10 horas seguidas sem _____ (ter) nenhum problema mecânico.
4. Guardamos o segredo até _____ (conseguir) resolver a situação.
5. No caso de vocês já _____ (encontrar) a solução do problema, venham falar comigo.
6. Vinte anos depois de _____ (casar-se), decidiram viver cada um para o seu lado.
7. Sem _____ (ver) o filme, não pode opinar.
8. Não quiseram participar da confraternização apesar de _____ (convidar).
9. Seis meses depois de _____ (admitir), foi promovido a gerente.
10. No caso de ainda não _____ (comprar) os ingressos, sugiro que comprem com antecedência antes que tudo se esgote.

27.2. Complete as frases com os verbos no **infinitivo pessoal simples** ou **composto**.

1. Caso você não possa vir, avise-me.
   No caso de _____
2. É provável que vocês já tenham sido apresentados no congresso anterior.
   É provável _____
3. Espero que eu tenha desligado o gás quando saí de casa.
   Espero _____
4. Lamento que não tenham podido assistir à estreia do *show*.
   Lamento _____
5. Embora tenham muito dinheiro, são pessoas simples.
   Apesar de _____
6. Não saiam sem que nós tenhamos chegado em casa.
   Não saiam sem _____
7. Embora o tempo tenha estado péssimo, não adiaram as provas de atletismo.
   Apesar de _____
8. Fiquei feliz da vida porque tirei a melhor nota da sala.
   Fiquei feliz da vida por _____
9. Não vá para a rua sem que coloque o moletom.
   Não vá para a rua sem _____
10. Vou precisar da sua ajuda até que o médico chegue.
    Vou precisar da sua ajuda até _____
11. É lógico que eles raciocinem de outra maneira.
    É lógico _____
12. Peço-lhes que venham falar comigo depois do expediente.
    Peço-lhes para _____
13. Foram embora sem que tivessem passado para me ver.
    Foram embora sem _____
14. É absolutamente necessário que não voltem a repetir os mesmos erros.
    É absolutamente necessário _____
15. Quero que tudo esteja pronto antes que os convidados cheguem.
    Quero que tudo esteja pronto antes de _____

Unidade 28 — orações proporcionais

Quanto mais guloseima você comer, **mais** você engorda.

Quanto mais você tenta me explicar, **mais** confuso eu fico.

orações proporcionais

Quanto mais _____	, mais _____
Quanto mais _____	, menos _____
Quanto mais _____	, melhor _____
Quanto mais _____	, pior _____
Quanto menos _____	, menos _____
Quanto menos _____	, mais _____
Quanto melhor _____	, melhor _____
Quanto pior _____	, pior _____

◇ Usa-se este tipo de expressões para comparar ou contrastar, indicando o resultado (lógico ou ilógico) daquilo que exprimimos na 1ª frase.

> **Quanto mais** guloseima você comer, **mais** você engorda.
> **Quanto mais** estudo, **menos** sei.
> **Quanto mais** caro for o hotel, **melhor** é o serviço.
> **Quanto mais** têm, **mais** querem.

◇ Na 1ª frase, usa-se:

☐ o futuro do subjuntivo, para exprimir uma ação eventual no futuro.

☐ o presente do indicativo, para falar de ações presentes/futuras, fatuais e ditados populares.

	1ª frase	2ª frase
Quanto +	futuro do subjuntivo presente do indicativo	presente ou futuro do presente do indicativo

> Quanto mais diplomas **tiver**, melhores **são/serão** as oportunidades de emprego.
> Quanto menos **vendermos**, pior **será/é** para o nosso negócio.
> Quanto piores **forem** as instalações, menos pessoas **vêm/virão** nos visitar.

> Quanto mais você **tenta** me explicar, mais confuso eu **fico**.
> Quanto mais você me **bate**, mais eu **gosto** de você.*
> Quanto mais alto **é** o coqueiro, maior **é** o tombo.*

* Ditados populares

Unidade 28 — Exercícios

28.1. Escolha uma frase do **quadro A** para **combinar** com uma frase do **quadro B**.

A	B
~~Quanto mais esfregar~~	mais depressa perco minha barriga
Quanto menos souberem	mais vontade tenho de ficar em casa
Quanto mais tempo estiver à espera	mais clientes perderão
Quanto mais o conheço	mais sono tenho
Quanto menos comer	~~mais a sujeira sai~~
Quanto mais exercícios fizer	mais fraca fica
Quanto pior for o serviço	melhor para eles
Quanto mais frio fizer	mais impaciente fica
Quanto mais durmo	mais gosto dele

1. *Quanto mais esfregar, mais a sujeira sai.*
2.
3.
4.
5.
6.
7.
8.
9.

28.2. Transforme as seguintes frases como no exemplo dado. Cuidado com os **graus dos adjetivos/ /advérbios**!

1. Você se preocupa muito com seus filhos. Por isso, você fica muito nervoso.
   Quanto mais você se preocupa com seus filhos, mais nervoso você fica.
2. As pessoas cuidam pouco do meio ambiente, o que é ruim para todos nós.

3. Eles treinam muito. Obtêm, por isso, ótimos resultados.

4. Se vocês acabarem o trabalho depressa, poderão sair mais cedo.

5. Há pouco movimento à noite em Copacabana. É perigoso passear na rua.

6. Está fazendo muito calor. Tenho muita sede.

28.3. Complete com a forma correta dos **advérbios/adjetivos**.

1. Quanto *mais* tarde me deito, *mais* difícil fica de me levantar cedo no dia seguinte.
2. Quanto _____ for o investimento na educação, _____ será para irradiar o analfabetismo.
3. Quanto _____ roupa puser, _____ frio você terá.
4. Quanto _____ forem os serviços públicos, _____ queixas haverá.
5. Quanto _____ fuma, _____ é para a saúde dele.
6. Quanto _____ se ganha, _____ se gasta.

Unidade 29: *dar*, *ficar* e *passar* seguidos de **preposição**

dar

- ☐ **dar com** – descobrir; encontrar.

  Entrando no cabeleireiro **dei com** a minha vizinha Marilda alisando o cabelo.

- ☐ **dar-se com** – relacionar-se com; tolerar.

  Os dois não **se dão** um **com** o outro. Eles têm temperamentos completamente diferentes.

- ☐ **dar em** – tornar-se; resultar.

  Investi uma fortuna neste negócio e não **deu em** nada. Perdi todo o meu dinheiro.

- ☐ **dar para** – estar situado de frente para.

  A minha cobertura **dá para** a praia do Leblon.

  – servir para.

  Com esse fusca não **dá para** ir nem até à esquina.

  – ter vocação para.

  Só de ver sangue, eu desmaio. Não **dou para** médico mesmo.

- ☐ **dar por** – notar; reparar.

  Liguei a televisão bem alto e você não **deu por** nada. Continuou dormindo.

ficar

- ☐ **ficar com** – pegar.

  Alguém **ficou com** a minha caneta, por acaso?

- ☐ **ficar de** – comprometer-se a; combinar.

  Ficaram de me vir buscar às 19h00. São 19h30 e ninguém apareceu ainda.

- ☐ **ficar em** – permanecer.

  Hoje **fico em** casa, estou morta de cansada.

  – estar situado.

  A nossa casa de praia **fica em** Florianópolis.

- ☐ **ficar para** – adiar; ser marcado para.

  Lamentamos informar, mas a sessão de autógrafos **ficará para** amanhã à noite.

  – ser doado.

  A mansão **ficou para** a filha mais velha.

- ☐ **ficar por** – não concretizar; não realizar.

  Saí de casa às pressas e a louça **ficou por** lavar.

  – acabar.

  Acho melhor **ficarmos por** aqui. Continuaremos amanhã, pois está todo mundo cansado hoje.

Unidade 29

passar

- **passar a** – alterar-se; sofrer alteração.
  Depois do divórcio, **passou a** ser outra pessoa.

  – ser promovido.
  Com esse doutorado, você pode **passar a** consultor-chefe.

- **passar de** – ir além; ultrapassar.
  O médico já deveria ter chegado. Já **passa das** 15h00.

- **passar de ... a** – mudar de situação / condição.
  Com os conhecimentos que você tem, logo **passará de** assistente **a** chefe.

- **passar-se (em)** – acontecer; ocorrer.
  Alguma coisa de estranho está **se passando naquela** casa.

- **passar por** – parecer; dar ideia de.
  Do jeito como ela fala até **passa por** doutora.

  – ir pelo caminho.
  Quando **passar por** Vitória, dê um pulo lá em casa.

- **passar para** – mudar de lugar; transitar.
  Passe os dicionários **para** a prateleira de baixo. Eles ficarão mais à mão.

- **não passar de** – ser apenas / não ser mais do que.
  Não se pode acreditar nele. Ele **não passa de** um mentiroso.

Unidade 29 — Exercícios

29.1. Substitua as expressões assinaladas por uma equivalente com o verbo **dar** seguido de **preposição**. Faça as alterações necessárias.

1. Como é que **você está se relacionando** com o seu novo chefe?
   _____

2. Tentamos tudo e **não resultou** em nada.
   _____

3. Esse produto não **serve para** soalhos de madeira.
   _____

4. **Não sou do tipo de** ficar em casa sem fazer nada.
   _____

5. Roubaram a sacola da senhora e as pessoas que estavam perto dela fingiram **não ter reparado em nada**.
   _____

6. Estava andando na rua e **encontrei** o meu diretor.
   _____

7. Você tem uma vista maravilhosa. O seu apartamento **fica situado de frente** para o mar.
   _____

29.2. Complete as seguintes frases com o verbo **ficar** seguido de **preposição**, contraindo-a com o artigo quando necessário.

1. O Chuí _____ a zona mais extrema do Brasil.
2. Como você não queria mais aquela bicicleta velha, consertei-a e _____ ela.
3. O Antônio _____ se encontrar conosco na porta do cinema.
4. Esta história não _____ aqui! Amanhã temos que resolver este assunto.
5. Se não houver consenso, a votação _____ amanhã, sem falta.
6. Chegamos tão exaustos que não tivemos coragem de fazer nada. As malas _____ serem desfeitas no dia seguinte.
7. Ninguém atende, o que é muito estranho, pois eles tinham dito que _____ casa hoje o dia todo.
8. O anel de herança da minha avó _____ mim. E minhas irmãs _____ inveja.

Unidade 29

Exercícios

29.3. Substitua as expressões assinaladas por uma equivalente com o verbo **passar** seguido de **preposição**. Faça as alterações necessárias.

1. Está tanta gente ali na esquina. Eu me pergunto o que **está acontecendo**.

2. Finalmente **foi promovido** a chefe do departamento de Recursos Humanos.

3. Todos os alunos com uma disciplina pendente **irão** automaticamente para o ano seguinte.

4. Se você **mudasse** o sofá para o canto da sala, ganharia mais espaço.

5. Sei que é por timidez, mas você tem que cumprimentar as pessoas, senão **parece** mal-educada.

29.4. Complete com a **preposição** correta, contraindo-a com o **artigo** sempre que necessário.

1. O rio Carioca passa _____ Rio de Janeiro.
2. Todo mundo se dá bem _____ ele. Ele é muito gente boa.
3. Isto fica _____ outro dia.
4. Por acaso, dei de cara _____ o ladrão roubando a minha casa!
5. Já passa _____ a hora de encerrar o expediente.
6. Fiquei _____ me encontrar com eles no parque Ibirapuera.
7. Pode ficar _____ as fotografias.
8. Ele gosta de esbanjar dinheiro. Não passa _____ um emergente da Barra.
9. A janela do meu quarto dá _____ o quintal.
10. É impossível não terem ouvido o barulho. Com certeza eles ouviram alguma coisa, mas não deram _____ nada.
11. Hoje ficamos _____ aqui.
12. Não se dão um _____ o outro.
13. Eu sempre disse que ele não dava _____ professor: não tem paciência nenhuma!
14. Isso se passou _____ o dia 7 de setembro de 1822.
15. Com esses óculos você até passa _____ uma professora severa.
16. Foi difícil dar _____ alguém na rua que nos desse o endereço certo.
17. A campanha foi um fiasco; não deu _____ nada!
18. Já passa _____ o meio-dia e ainda não comi nada.
19. Quem é que ficou _____ o meu dicionário na aula passada?
20. Amanhã saio de férias. Hoje fico _____ o escritório até mais tarde, para que não fique nada _____ fazer na volta.

Unidade 30 — derivados de *fazer*, *pedir*, *ver* e *vir*

◊ Os verbos *fazer*, *pedir*, *ver* e *vir* são irregulares e, como tal, os seus derivados seguem o mesmo modelo de conjugação.

fazer

- **desfazer** — desmanchar; dissolver. — Ela **desfez** o noivado.
- **rarefazer-se** — tornar-se menos denso; dilatar-se. — O ar **rarefez-se** rapidamente.
- **refazer** — fazer novamente; reconstruir. — Eles **refizeram** os exercícios todos.
- **refazer-se** — restabelecer-se. — Depois das cirurgias plásticas, ela está toda **refeita**.
- **satisfazer** — agradar a; ser suficiente. — O novo produto **satisfaz** ao público em geral.

pedir

- **desimpedir** — tirar ou remover o impedimento; desobstruir. — As placas foram retiradas para **desimpedir** o trânsito.
- **despedir** — dispensar os serviços de alguém. — Ele foi **despedido** sem mais nem menos.
- **despedir-se** — cumprimentar para deixar uma pessoa. — Ele **se despediu** da mulher e nunca mais voltou.
- **expedir** — enviar; mandar. — A encomenda foi **expedida** por via aérea.
- **impedir** — não permitir; interromper; obstruir. — Nada a **impede** de sair.

ver

- **prever** — supor; calcular; profetizar. — Estou **prevendo** seu futuro na minha bola de cristal.
- **rever** — ver novamente; examinar com cuidado. — Gostaria muito de **revê-la** na próxima semana.

vir

- **advir** — resultar. — Este problema **advém** de uma falta de organização da firma.
- **convir** — ser útil, proveitoso. — **Convém** que você chegue no Brasil falando português.
- **intervir** — interferir. — Ninguém deve **intervir** na briga de marido e mulher.
- **provir** — descender. — Este menino **provém** de uma família carente.

Unidade 30 — Exercícios

30.1. Complete com a forma correta dos verbos derivados de:

fazer

1. Ainda não _____ do susto que levei. Mal consigo falar.
2. As crianças estiveram brincando nos quartos e _____ todas as camas.
3. O gás não _____ na atmosfera.
4. Acho melhor (você) _____ a carta toda. Não está muito clara.
5. Pintei a casa ontem, mas a pintura já está _____.
6. Quando era pequeno, qualquer brinquedo o _____.
7. Deixe-me ver a conta. Não está certa, você precisa _____.
8. Depois do incêndio, tiveram que _____ completamente a fachada do edifício.
9. Ele é muito exigente, não há nada que o _____.
10. De volta da viagem, o que mais me custou foi _____ as malas.

pedir

1. No total, já _____ mais de 3000 boias-frias por causa da crise.
2. Há mais de dez minutos que estou tentando entrar na sala de cirurgia, mas a enfermeira continua _____ a minha entrada.
3. Depois do temporal, as estradas ficaram intransitáveis. Os bombeiros precisaram da ajuda de todos para _____ a passagem dos carros.
4. A encomenda _____ ontem. Só deve chegar ao destinatário daqui a três dias.
5. Tem um carro enguiçado no meio da rua _____ a circulação normal do trânsito.
6. Os regulamentos _____ a caça em certas épocas do ano.
7. Sejam educados, meninos, _____ das pessoas pois temos que ir embora.

ver

1. Como já se _____, o espetáculo foi excelente.
2. Foi muito bom _____. Vocês têm que vir mais vezes à nossa casa.
3. Na semana passada (nós) _____ os tempos do subjuntivo.
4. Ninguém _____ que isso pudesse acontecer nesse país.
5. As provas _____ por um novo júri para que se escolhesse um bom candidato.
6. Como as coisas estão atualmente, não podemos _____ o dia de amanhã. Vivemos o dia a dia.

vir

1. Pode agendar a reunião para a hora que melhor lhe _____; estou disponível o dia todo.
2. Mesmo que _____ de uma família abastada, leva uma vida muito modesta.
3. Não _____ na discussão. Deixe que eles resolvam isso entre eles.
4. Este horário não me _____ pois tenho que buscar o meu filho na escola.
5. Muitos atores _____ no julgamento do colega acusado.
6. Se não for operado hoje mesmo, poderão daí _____ graves consequências.

Unidade 31 — derivados de *pôr* e *ter*

◇ Os verbos *pôr* e *ter* são irregulares e, como tal, os seus derivados seguem o mesmo modelo de conjugação.

pôr

- **compor** — escrever versos ou música; ajustar; arranjar. — Tom Jobim **compôs** a música "Garota de Ipanema".
- **compor-se** — ser formado de; constar. — O curso **se compõe** de nove matérias.
- **depor** — prestar declarações / depoimento. — O réu **depôs** perante todos.
- **dispor** — arrumar; dar uma disposição a objetos ou pessoas. — Vamos **dispor** estes manequins na vitrine.
- **dispor-se** — ter resolvido; estar disposto a. — Eu **me disponho** a arcar com todas as despesas.
- **expor** — apresentar; fazer exposição de. — Ele **expôs** o regulamento de maneira clara.
- **expor-se** — mostrar-se. — Meu filho, não **se exponha** tanto ao sol.
- **impor** — estabelecer. — O diretor **impõe** a ordem no escritório.
- **impor-se** — fazer-se respeitar. — Você tem que **se impor**, senão vira bagunça!
- **opor-se** — ser contrário. — Eu **me oponho** a qualquer regime totalitário!
- **propor** — sugerir. — Eu **proponho** um brinde aos convidados.
- **propor-se** — oferecer-se. — Ela **se propôs** a lavar a louça.
- **repor** — restituir; reembolsar; suprir (faltas). — Vamos **repor** nossa aula no sábado.
- **supor** — presumir; imaginar. — Eu **suponho** que você não é daqui.
- **transpor** — ultrapassar ou passar por cima de. — Vamos **transpor** nossos limites nesta prova.

☞ O verbo *pôr* tem acento circunflexo no infinitivo impessoal e na 1ª e 3ª pessoas do singular do infinitivo pessoal por ser uma palavra homógrafa da preposição *por*. O mesmo não se verifica com os seus derivados, não sendo estes acentuados nas formas terminadas em –*or*.

ter

- **abster-se** — deixar de intervir. — Vou **me abster** nas próximas eleições.
- **conter** — incluir. — Esta mala **contém** produtos inflamáveis.
- **conter-se** — reprimir-se. — Eu **me contenho** perante meu adversário político.
- **deter** — prender; ficar / colocar em prisão. — A polícia **deteve** o ladrão na delegacia.
- **deter-se** — demorar-se. — Não devemos **nos deter** em detalhes.
- **entreter-se** — divertir-se; distrair-se; ocupar-se por distração. — Eu **me entretenho** cuidando das minhas plantas.
- **manter** — sustentar; conservar. — Nestas situações, temos de **manter** a calma!
- **obter** — conseguir. — Eu **obtive** nota máxima na prova final.
- **reter** — demorar; não deixar sair / passar. — O policial me **reteve** na avenida principal.

☞ Nos derivados de *ter*, o **e** da 2ª e 3ª pessoas do singular do presente do indicativo e da 2ª pessoa do singular do imperativo levam acento agudo (ver regras da acentuação gráfica, Unidade 40).

Unidade 31

Exercícios

31.1. Complete com a forma correta dos verbos derivados de:

pôr

1. Eu nunca poderia _____ que isso pudesse acontecer!
2. Não houve votos contra, o que quer dizer que ninguém _____.
3. Já pensou como é que vai _____ a mobília na sala?
4. Como raramente ajudo na cozinha, hoje _____ a fazer o jantar.
5. Carlos Drummond de Andrade _____ poemas lindíssimos.
6. À medida em que o *stock* vai acabando, o funcionário vai _____.
7. Com paciência vou _____ as barreiras da minha vida.
8. Você não pode sair desse jeito! Faça o favor de _____.
9. Os trabalhos feitos pelas crianças do primário estão _____ no pátio da escola.
10. Esta atriz aparece em todos os lugares; ela não perde uma. Acho que ela _____ demais.
11. O professor deve _____ uma certa ordem logo no começo do ano para evitar problemas de indisciplina.
12. Tiveram que evacuar a sala. Nem o juiz conseguiu _____ perante a situação.
13. Foram várias as testemunhas que _____ a favor do réu.
14. (Eu) _____ que fôssemos todos jantar fora.
15. Creio que eles já _____ o dinheiro que tinham emprestado do banco.
16. Já _____ o problema à comissão e agora estou esperando uma resposta.
17. A obra completa de Monteiro Lobato _____ de 12 volumes.
18. _____ que vocês já se conhecem, ou estou enganada?

ter

1. Ficaram _____ na estrada mais de três horas por causa do temporal.
2. Em vez de sair com os amigos, o Pedrinho ficou _____ com o seu novo *videogame*.
3. Nenhum voto contra, nenhum a favor: todo mundo _____.
4. Apesar de ter sido atacado por todo mundo, ele sempre _____ a mesma postura.
5. Depois de ter visto tamanha injustiça, (eu) não _____ e disse tudo sem pudor.
6. Está com soluço? Então _____ a respiração durante 15 segundos que logo para.
7. Com o pouco que ela ganhava, não sei como é que ela _____ aquele alto padrão de vida.
8. Nos Jogos Olímpicos de Londres, o Brasil _____ dezessete medalhas.
9. Os três livros _____ todas as estruturas gramaticais da língua portuguesa.
10. Todos os traficantes do morro _____ pela polícia do Rio de Janeiro.
11. Aquela criança _____ com qualquer brinquedo; não dá trabalho nenhum.
12. Ela _____ vendo as vitrines das lojas e chegou atrasada ao trabalho.

Unidade 32: *ir* e *vir* como **verbos auxiliares**; perifrásticas

ir + infinitivo

◇ no **presente do indicativo**
- indica intenção firme de realização da ação ou certeza de que ela vai ser realizada no futuro próximo.
  > O Ministro da Fazenda **vai falar** logo à noite na televisão.
  > Assim que chegar em casa, **vou telefonar** para minha mãe.

◇ no **imperfeito do indicativo**
- exprime o discurso indireto da situação acima indicada.
  > O Alfredo disse que **ia telefonar** para a mãe, quando chegasse em casa.

- indica intenção de realização da ação, cuja execução é, no entanto, posta em dúvida.
  > — Mal acabou de chegar, já vai sair?
  > — É, eu **ia almoçar**, mas se precisar de mim, posso sair mais tarde.

◇ no **pretérito perfeito do indicativo**
- indica que a ação anteriormente planejada já foi realizada.
  > Já **fui comprar** os ingressos para o *show* do Roberto Carlos.

- indica movimento, já iniciado, em direção a determinado fim, exprimindo intenção de realização da ação.
  > A Maria Rita saiu; **foi buscar** o filho na escola.

ir + gerúndio

◇ no **presente do indicativo**
- indica o aspecto durativo de uma ação iniciando ou decorrendo.
  > **Vai indo** na frente, que eu já te alcanço.
  > Enquanto as lojas não abrem, **vou vendo** as vitrines.

◇ no **pretérito perfeito do indicativo**
- indica o aspecto durativo de uma ação passada.
  > Enquanto você não chegava, **fui preparando** o nosso jantar.

◇ no **imperfeito do indicativo**
- indica a realização gradual de uma ação passada, realçando que esta se desenvolveu pouco a pouco ou por etapas sucessivas.
  > As notícias **iam chegando** no decorrer do dia e **iam alarmando** as pessoas.

- indica uma ação cuja realização esteve iminente (mas não se concretizou).
  > Não vi que você ainda estava dentro do carro; já **ia fechando** a porta com a chave.

vir + infinitivo precedido da preposição a

- indica o resultado final da ação.
  > Como era de prever, ele **veio a ser** reeleito presidente.
  > Mais cedo ou mais tarde, tudo se **vem a descobrir**.
  > Talvez ainda **venha a ter** problemas por ser tão impetuoso.

Unidade 32

Exercícios

32.1. Complete com o verbo **ir** na forma correta seguido de **infinitivo**.

1. Eles não devem demorar. _____ só _____ (tomar) um cafezinho e voltam já.
2. Acho que não _____ (deixar) escapar essa oportunidade.
3. _____ (desligar) o telefone. Quero ter a certeza de que ninguém _____ nos _____ (atrapalhar).
4. O Sr. Barroso já vem aí. _____ só _____ (sacar) dinheiro no banco.
5. — Por que é que você não estava em casa?
   — _____ (fazer) compras.
6. — Está pronta, D. Amélia?
   — _____ só _____ (enviar) este *email*.
7. Ele sempre afirmou que um dia _____ (ganhar) na loteria. E esse dia chegou!
8. Elas sabiam que _____ (encontrar) dificuldades, mas mesmo assim não desistiram.

32.2. Complete com o verbo **ir** na forma correta seguido de **gerúndio** do verbo entre parênteses.

1. Se quiser, eu _____ (preparar) a salada enquanto você arruma a mesa.
2. _____ (descer / você). Estou quase pronto.
3. À medida que o Sr. Nunes _____ (ficar) mais velho, _____ (perder) a memória. Hoje já não se lembra mais de muitos amigos de infância.
4. — O que é que aconteceu com você? Está branco!
   — Quase tive um acidente. Eu _____ quase _____ (atropelar) uma velhinha, mas felizmente consegui desviar o carro a tempo.
5. A Maria _____ quase _____ (pegar) o ônibus quando me viu. Dei uma carona para ela de carro.
6. Ele era um atleta com muita garra. À medida que _____ (aproximar-se) da meta, _____ (ganhar) forças e sempre acabava vencendo.
7. O menino _____ (cair), quando o pai o pegou pelo braço.
8. Como você não vinha, eu _____ (adiantar) o trabalho, para não nos atrasarmos.

32.3. Complete com a forma correta do verbo **vir** seguido de **infinitivo** precedido da preposição **a**.

1. Foi só no fim de semana passado que eu _____ (saber) de toda a história.
2. Finalmente desvendamos o mistério. Porém, _____ (descobrir) a solução meramente por acaso.
3. A mulher _____ (saber) que estava sendo traída pelo marido.
4. Se jogarem tão bem como hoje, talvez _____ (ganhar) o campeonato.

Unidade 33

se – pronome; apassivador; conjunção

pronome

◇ É a forma da 3ª pessoa (singular e plural, feminino e masculino) do pronome:

- reflexivo – indica que a ação referida pelo verbo recai em quem a praticar, isto é, sobre o sujeito.

  > O avô **se** senta sempre nessa poltrona. É dele, mais ninguém **se** senta nela.
  > A Teresinha **se** cortou com a faca, quando estava descascando mandioca.
  > Toda a plateia **se** levantou para aplaudir os atores da peça.

- recíproco – indica que a ação referida pelo verbo é mútua entre duas ou mais pessoas.

  > O José e a Dorotéia não **se** viam há muito tempo. Encontraram-**se** ontem, por acaso, e **se** abraçaram.
  > As crianças **se** dão muito bem umas com as outras.

- indefinido – usa-se quando o sujeito é indeterminado, desconhecido ou irrelevante para informação contida na frase; tem valor de "alguém" ou "as pessoas em geral" e o verbo, intransitivo, está sempre no singular.

  > Aqui **se** *trabalha* duro, não **se** brinca.
  > Aqui **se** *come* bem e é barato.

apassivador

◇ Dá valor passivo a frases cuja forma verbal (**sempre na 3ª pessoa**) está na voz ativa e cujo agente da ação é indeterminado.

◇ O verbo concorda em número – singular ou plural – com a expressão nominal, sujeito da oração passiva, que se coloca sempre depois deste.

> ***Alugam*-se** <u>quartos</u>   agente da ação indeterminado; sujeito no plural:
> = Quartos são alugados   forma verbal na 3ª pessoa do plural.
>
> ***Fala*-se** <u>inglês</u>   agente da ação indeterminado; sujeito no singular:
> = Inglês é falado   forma verbal na 3ª pessoa do singular.

conjunção

◇ Introduz uma oração subordinativa:

- integrante – completa o sentido da oração principal, desempenhando em relação a esta a função de complemento direto, podendo ser, ao mesmo tempo, interrogativa indireta.
  Uma vez que refere fatos reais, a forma verbal está no modo ***indicativo***.

  > Não sei **se** *posso* ir com você ao cinema.
  > Ele me perguntou **se** eu *tinha visto* o Pedro.

- condicional – indica uma condição, exprime uma hipótese, relativamente ao enunciado da oração principal.
  Neste caso, e uma vez que se refere a fatos eventuais, hipotéticos, a forma verbal está no modo ***subjuntivo***.

  > Vou com você ao cinema, **se** *puder*.
  > **Se** eu *tivesse* dinheiro, trocaria de carro.

Unidade 33

Exercícios

33.1. Transforme as seguintes frases de modo a usar o **se** indefinido.
1. As pessoas falam muito mal do novo governo.
   _____
2. As pessoas esperam que a greve dos transportes termine logo.
   _____
3. No Nordeste do Brasil, infelizmente, ainda muita gente passa fome.
   _____
4. Finalmente, as pessoas souberam a verdade.
   _____
5. As pessoas pensam que ele enriqueceu com transações ilegais.
   _____

33.2. Transforme as seguintes frases de modo a usar o **se** apassivador.
1. No final da reunião, são tiradas as conclusões.
   _____
2. Aqui a roupa é lavada, passada e engomada.
   _____
3. Nesta loja é possível alugar bicicletas.
   _____
4. Aquela confeitaria aceita encomendas para o Natal.
   _____
5. Esta loja admite balconistas.
   _____

33.3. Transforme a 1ª frase de modo a usar o **se** condicional.
1. Felizmente nem todos pensam como você.
   _Se todos pensassem como você_____, estaríamos na Idade Média!
2. No fim das contas ela não veio à inauguração da lanchonete.
   _____, teria gostado com certeza.
3. É uma pena meus netos viverem tão longe.
   _____, nós poderíamos nos ver mais vezes.
4. O tempo está feio.
   _____, poderíamos ir dar uma volta.
5. As passagens aéreas são muito caras.
   _____, iríamos visitar os tios em Luanda.

33.4. Passe para o **discurso indireto** as seguintes frases, fazendo as transformações necessárias.
1. «Alguém ficou com alguma dúvida?», quis saber o professor.
   O professor quis saber _____.
2. «Se tiver tempo, ainda passo na sua casa», disse o Jorge.
   O Jorge disse à irmã que _____.
3. «Tem uma caneta para me emprestar?», perguntou o aluno.
   O aluno me perguntou _____.
4. «Posso sair mais cedo?», perguntou a Sofia.
   A Sofia perguntou ao chefe _____.
5. «Se eu puder sair mais cedo, vou com vocês ao cinema», disse a Sofia.
   A Sofia nos disse que _____.

33.5. Complete as frases com a forma correta dos verbos dados, usando o pronome pessoal **se**.
1. O Miguel e o Gustavo _____ (encontrar) no fim de semana passado na minha casa. Há muitos anos que não _____. (ver)
2. Hoje de manhã, enquanto o Antônio _____ (barbear), _____ (cortar) com a gilete.
3. Infelizmente os meus dois filhos _____ (dar) como cão e gato.
4. A minha mulher _____ (levantar) todos os dias às seis da manhã: é que gosta de _____ (arrumar) sem pressa.
5. Volta e meia eles _____ (estranhar). Agora que trabalham os dois no mesmo departamento, é pior ainda, continuam não _____ (falar).

Unidade 34 — frases enfáticas; expressões de realce

◊ Além da entoação com que a frase pode ser dita ou pode ser lida, pode-se recorrer a certas expressões ou palavras, para enfatizar toda ou parte da mensagem.

◊ Estas expressões ou palavras podem ser retiradas da frase sem lhe alterar o sentido, uma vez que servem apenas para tornar a mensagem mais "expressiva", mais "viva", ao dar realce a determinados elementos (traduzindo assim os sentimentos ou a opinião do emissor).

☐ **é que** (a) e **que** (b)
Enfatizam, essencialmente, os elementos que os precedem.

(a) *Como* **é que** você se chama?
A que horas **é que** acaba a aula?
Pergunta para ele *por que* **é que** ele chega sempre atrasado.

(b) *Quase* **que** não lhe reconhecia, com essa barba.

☞ A expressão **é que** é usada com muita frequência nas frases interrogativas.

☐ **ser** (a) e **ser (...) que** (b)
Enfatizam o elemento da frase que está à sua direita (a) ou que está no meio (b); fica sempre na 3ª pessoa do singular e no mesmo tempo do verbo que o precede.

(a) O que vocês não querem   **é**   *trabalhar*.
    ↓   ↓   ↓
presente do   3ª pessoa do sing.   elemento a que
indicativo   do presente do ind.   se está dando ênfase

O que eu queria mesmo   **era**   *sair de férias por um ano*.
    ↓   ↓   ↓
imperfeito do   3ª pessoa do sing.   elemento a que
indicativo   do imperfeito do ind.   se está dando ênfase

(b) **Foi** *aqui* **que** nos conhecemos.
Era *no Caribe* **que** eu gostaria de passar as minhas férias.
É *com você mesmo* **que** eu quero falar.

☐ **pronome pessoal complemento circunstancial** precedido da preposição **a**
Enfatiza o pronome pessoal complemento direto ou indireto, isto é, a(s) pessoa(s) a que estes pronomes se refere(m).

A você, não *lhe* dou nada, porque não merece.
Coube-*lhe* **a ela** o 1º prêmio do sorteio.

Unidade 34

Exercícios

34.1. Usando o verbo **ser**, enfatize as seguintes frases como no exemplo.
1. Decidi ir diretamente ao chefe expor o problema.
   Decidi foi ir diretamente ao chefe expor o problema.
2. A Madalena não quer fazer nada.
3. Gostaria que vocês pudessem vir ao meu aniversário.
4. Essa menina só pensa em se divertir.
5. Venderam-lhe uma imitação de Louis Vuitton.
6. Convinha que estivessem todos presentes.
7. Gostaria que as férias não acabassem nunca.
8. Essa menina só quer namorar.

34.2. Faça de novo as frases, usando a preposição **a** seguida do **pronome pessoal complemento circunstancial**. Atenção à colocação na frase.
1. Pagaram-**me** todas as despesas da viagem.
   A mim, pagaram-me todas as despesas da viagem.
2. Ainda **lhe** ficaram devendo muito dinheiro. Coitado do Jeremias!
3. Ninguém **nos** avisou da reunião.
4. Com certeza que **o** vão eleger para o próximo mandato.
5. Não **me** deram nenhum tostão.
6. Não **lhe** empresto mais nenhum livro.
7. Não **lhe** envio mais nenhuma carta. Você nunca responde.
8. Deram-**me** uma ninharia pelo carro.

34.3. Use a expressão de realce **ser ... que** nas seguintes frases.
1. A maior parte dos brasileiros passa as férias **na praia**.
   É na praia que a maior parte dos brasileiros passa as férias.
2. Os melhores anos da minha juventude, eu vivi **no interior da Bahia**.
3. Eles iam sempre ao cinema **na sexta-feira à noite**.
4. **De manhãzinha e à tardinha** há sempre muito trânsito.
5. Queria ouvir em primeiro lugar **a sua opinião sobre esse assunto delicado**.
6. Ela gosta de desabafar **comigo**.
7. **No Carnaval**, a gente esquece todos os problemas do dia a dia.
8. Faltava **alegria** em mim.

Unidade 35 — relação semântica, fonética e gráfica entre palavras

◊ **Relação semântica entre as palavras**

☐ Sinonímia

Palavras sinônimas são palavras que têm um significado idêntico, ou muito semelhante, ou seja, que se podem substituir na mesma frase, sem lhe alterar o sentido.

Que dia **lindo**! = Que dia **bonito**!
O Jeremias **vive** em Porto Alegre. = O Jeremias **mora** em Porto Alegre.

☐ Antonímia

Palavras antônimas são palavras que têm significados opostos, ou seja, que, ao serem substituídas numa frase, esta fica com o sentido contrário.

Está muito **calor** nesta sala. ≠ Está muito **frio** nesta sala.
Ele mora **perto** da escola. ≠ Ele mora **longe** da escola.

◊ **Relação fonética e gráfica entre as palavras**

☐ Homonímia

Palavras homônimas são palavras com pronúncia e grafia igual (isto é, que se pronunciam e escrevem da mesma maneira), mas com significado diferente.

Antigamente, a comunicação entre os povos **era** bastante complicada.
Atualmente, na **era** das telecomunicações, tudo está mais fácil.
era (verbo ser) *vs.* era (época)

☐ Homofonia

Palavras homófonas são palavras com pronúncia igual, mas com grafia e significado diferentes.

– Gosto muito de bolo de **noz**.
– **Nós** também!
noz (fruto seco) *vs.* nós (pronome pessoal)

☐ Homografia

Palavras homógrafas são palavras com grafia igual, mas com pronúncia e significado diferentes.

A máquina **seca** a roupa. Agora é só passar.
O Nordeste é uma região castigada pela **seca**.
seca (/ é / = enxuta) *vs.* seca (/ ê / = falta de chuva)

☞ A acentuação gráfica não é considerada, ou seja, **pôr** (verbo) e **por** (preposição) são palavras homógrafas.

☐ Paronímia

Palavras parônimas são palavras com significado diferente, mas com grafia e, **essencialmente**, **pronúncia muito parecidas**, o que, por vezes, pode dar origem a confusão.

O João fez um **cumprimento** formal ao chefe e se retirou.
A sala tem três metros e meio de **comprimento**.
cumprimento (saudação) *vs.* comprimento (medida)

Unidade 35

Exercícios

35.1. palavras homónimas

Para cada palavra dada, construa duas frases de modo a explicitar os seus diferentes sentidos.

1. **canto** – *gorjear; som dos pássaros.* vs. – *ângulo para dentro.*

   a) De manhã ouço o canto dos pássaros. b) O móvel do canto é muito antigo.

2. **era** a) _____ . b) _____ .
3. **fumo** a) _____ . b) _____ .
4. **rio** a) _____ . b) _____ .
5. **casa** a) _____ . b) _____ .

35.2. palavras homófonas

Complete as frases com a palavra adequada e explicite a diferença entre ambas, como no exemplo.

1. **aço** – *liga de metal*   **asso** – *forma do verbo assar*

   _____ mais uma fornada de pão de queijo para quem quiser.
   Para segurar esse quadro tão pesado é melhor um prego de _____ .

2. **acento** – _____ .   **assento** – _____ .

   Ainda não entendi o uso do _____ circunflexo.
   Limpa o _____ primeiro. Está sujo.

3. **à** – _____ .   **há** – _____ .   **ah** – _____ .

   Nesta época, sempre _____ muita gente na rua perambulando.
   Estou _____ espera de uma resposta do advogado.
   _____ ! Não me diga!

4. **conserto** – _____ .   **concerto** – _____ .

   A máquina já não tem mais _____ .
   O _____ da Marisa Monte foi um sucesso.

5. **houve** – _____ .   **ouve** – _____ .

   Você _____ bem com esse aparelho auditivo?
   Neste último verão _____ muitos incêndios nas florestas europeias.

6. **sessão** – _____ .   **seção** – _____ .

   Cheguei atrasada para a _____ das 19h00 e perdi o filme.
   Você sabe onde fica a _____ de eletrodomésticos?

7. **eminente** – _____ .   **iminente** – _____ .

   O professor Irineu é um _____ profissional do Ministério das Relações Exteriores.
   Já evacuaram o prédio, porque seu desmoronamento está _____ .

Unidade 35   Exercícios

8. **elegível** – _____ . **ilegível** – _____ .

O estrangeiro não é _____ para nenhum cargo no Brasil.

Não consigo decifrar a receita. Sua letra é completamente _____ .

9. **roído** – _____ . **ruído** – _____ .

O _____ da cama dos vizinhos me incomoda.

O meu casaco preferido foi _____ pelas traças.

10. **traz** – _____ . **trás** – _____ .

Você se importa de colocar o carro um pouco mais para _____ ?

Quem é que _____ as bebidas para o churrasco?

11. **peão** – _____ . **pião** – _____ .

O _____ caiu do cavalo.

As crianças de hoje já não brincam mais de _____ como antigamente.

35.3. palavras homógrafas

Faça frases com os seguintes pares de palavras, de modo a ilustrar os seus diferentes sentidos.

1. a) **cor** b) **cor**
   a) _____ . b) _____ .
2. a) **habito** b) **hábito**
   a) _____ . b) _____ .
3. a) **pode** b) **pôde**
   a) _____ . b) _____ .
4. a) **secretaria** b) **secretária**
   a) _____ . b) _____ .

35.4. Construa frases com os seguintes pares de palavras de modo a exemplificar os seus diferentes significados.

1. a) **cerca** – nome b) **cerca** – verbo
   a) _____ . b) _____ .
2. a) **cópia** – nome b) **copia** – verbo
   a) _____ . b) _____ .
3. a) **governo** – nome b) **governo** – verbo
   a) _____ . b) _____ .
4. a) **por** – preposição b) **pôr** – verbo
   a) _____ . b) _____ .
5. a) **sábia** – nome b) **sabia** – verbo
   a) _____ . b) _____ .

Unidade 35

Exercícios

35.5. palavras parônimas

Construa frases com os seguintes pares de palavras de modo a ilustrar os seus significados.

1. a) **câmara** b) **câmera**
   a) _____ . b) _____ .
2. a) **cumprimento** b) **comprimento**
   a) _____ . b) _____ .
3. a) **evasão** b) **invasão**
   a) _____ . b) _____ .
4. a) **previdente** b) **providente**
   a) _____ . b) _____ .
5. a) **prefeito** b) **perfeito**
   a) _____ . b) _____ .

35.6. sinônimos

Qual das quatro hipóteses é que tem o significado mais próximo da palavra em destaque?

1. Você descansou bastante esta noite e está com ótimo **aspecto**.
   a) caráter b) ar c) feitio d) rosto

2. Talvez por ser **tímida** é que não gosta de falar em público.
   a) fraca b) sincera c) envergonhada d) corajosa

3. O espetáculo de ontem foi simplesmente **sensacional**.
   a) estupendo b) importante c) enfadonho d) maçante

4. Nunca o ouvi falar de uma maneira tão **carinhosa**. Habitualmente é uma pessoa muito ríspida.
   a) lenta b) exaltada c) amarga d) afetuosa

5. A sua **pretensão** era ser médico cardiologista.
   a) vaidade b) previsão c) ambição d) projeção

35.7. antônimos

Qual o contrário das palavras / expressões assinaladas?

1. Não acha que a comida está muito **salgada**? _____
2. A seleção brasileira jogou claramente **na defesa**. _____
3. Tragam as malas e as sacolas para **baixo**. _____
4. O vestido que você me emprestou para o casamento ficou muito **largo**. _____
5. A passeata está prevista para o **fim** da tarde. _____

Unidade 36: conectores de adição, causa, conclusão, consequência, explicitação e finalidade

◇ Conectores são palavras ou expressões que interligam segmentos linguísticos (orações, frases, períodos, parágrafos), estabelecendo uma relação semântica entre eles e dando coesão ao discurso oral e escrito.

relação semântica	função	conectores
adição	acrescentar informação	além disso, além do mais, assim como, bem como, igualmente, do mesmo modo, e, não só … como (também), não só … mas também, também, tanto … como, etc.
causa	indicar o motivo	dado que, devido a, em virtude de, graças a, já que, pois, por causa de, porque, uma vez que, visto (que), etc.
conclusão	indicar o fim	concluindo, em conclusão, em resumo, em síntese, em suma, então, finalmente, para concluir, por fim, por último, etc.
consequência	indicar o resultado	assim, consequentemente, daí que, deste modo, de modo que, de tal forma que, é por isso que, em consequência, logo, por isso, por tudo isto, tanto … que, tão … que, etc.
explicitação	introduzir esclarecimentos ou retificações	aliás, é o caso de, em particular, isto é, isto (não) significa que, melhor dizendo, nomeadamente, ou melhor, ou seja, por exemplo, quer (isto) dizer que, em outras palavras, etc.
finalidade	indicar a intenção ou o objetivo	a fim de (que), com a intenção de (que), com o intuito de (que), com o objetivo de, de modo a, para (que), etc.

Come-se bem nesse restaurante italiano. **Além disso**, é muito em conta.

Graças à ajuda dos vizinhos, conseguiram acabar a pintura da casa antes do prazo previsto.

(…) **Em suma**, podemos identificar vários benefícios no uso das tecnologias da informação no contexto educativo.

Esqueci meu ingresso para o jogo em casa, **por isso** tive que comprar outro do cambista.

O governo não está seguindo o programa apresentado na campanha eleitoral, **em outras palavras**, não está cumprindo as promessas da campanha.

Fez um discurso falando pausadamente **com o intuito de que** todos da plateia o compreendessem.

Unidade 36

Exercícios

36.1. Identifique os conectores e as suas respectivas funções.

1. O jornalista trabalha para a objetividade da mensagem, quer isto dizer que, não trabalha a mensagem com o intuito de servir os seus interesses pessoais nem com o objetivo de servir o interesse do público.

2. Cada vez mais os alunos têm dificuldades tanto na compreensão como na construção de textos narrativos devido ao escasso contato que têm com os livros. De modo a desenvolver a capacidade de contar e de escrever, o aluno tem que saber ouvir e ler. Aliás, quando perguntamos a eles se costumavam ler, pelo menos um terço revelou não ler, ou ler apenas os textos obrigatórios, ou seja, os que o professor dava nas aulas de língua portuguesa. Em suma, é o contato assíduo com o texto que vai ajudar o aluno a ganhar consciência clara do que é o texto narrativo e perceber a forma como ele deve ser organizado. Por tudo isto, o professor assume um papel fundamental no desenvolvimento de atividades com o objetivo de permitir que o aluno trabalhe com o texto, não só ouvindo e lendo, mas também contando e escrevendo.

3. Graças aos dados obtidos através dos recenseamentos é possível conhecermos melhor os indivíduos bem como as suas condições de moradia. Deste modo, ficamos a par de quantos somos, onde e como vivemos.
Estes dados são, assim, fundamentais para identificar, por exemplo, o número de escolas necessário assim como o local onde devem ser construídas.
Finalmente, podemos dizer que os recenseamentos, além de serem uma fonte única, são igualmente uma fonte renovável de dados essenciais para a análise da estrutura social e econômica de um país.

conector	função

Unidade 36 — Exercícios

36.2. Complete com o conector adequado.

1. O envelhecimento da população poderá ter impacto na economia, _____ o número de potenciais trabalhadores poderá diminuir. (**causa**)

2. _____ o crescimento econômico é posto em causa _____ há menos gente querendo trabalhar nas fábricas e querendo abrir estradas. (**explicitação**) / (**causa**)

3. _____, não é de admirar que a política do filho único venha a ser posta em causa. (**consequência**)

4. Um estudo sobre a população revela uma realidade assustadora _____ aos enormes fluxos migratórios. (**causa**)

5. _____, quase metade da população vive agora nas grandes cidades. (**adição**)

6. A colaboração de todos, _____ na adesão à resposta pela internet, superou todas as expectativas, tendo ultrapassado os resultados já conhecidos em outros países. (**explicitação**)

7. Tudo foi planejado _____ não houvesse falhas. (**finalidade**)

8. _____ as condições atmosféricas, o foguete da NASA foi lançado com sucesso. (**causa**)

9. A bordo do satélite vai ser realizada uma experiência científica _____ ajudar a desvendar os segredos do planeta Marte, _____, a existência de água e oxigênio. (**finalidade**) / (**explicitação**)

10. Reis e rainhas, príncipes e princesas, _____ fortunas e heranças continuam sendo a receita para um bom conto de fadas da era moderna. _____, todos gostam de um final feliz. (**adição**) / (**conclusão**)

36.3. Reescreva as frases usando conectores com a relação semântica indicada. Faça as alterações que achar necessárias.

1. Há atletas que são desqualificados pelo consumo de substâncias ilegais. (**causa**)

_____

_____

2. A partir de hoje, o tráfego aéreo entre São Paulo e o Rio de Janeiro está suspenso; decorrente das obras de melhoramento das pistas. A ligação entre as duas cidades é assegurada pelos ônibus. (**causa**) / (**consequência**)

_____

_____

Unidade 36

Exercícios

3. Doutorandos e mestrandos desempenham um papel fundamental no desenvolvimento do país através de suas pesquisas científicas. (**adição**)

4. Os estudantes querem promover um projeto de lei que vai ser apresentado no Congresso Nacional contra a precariedade no trabalho dos docentes na rede pública. (**finalidade**)

5. Muito se pode atribuir à crise econômica, o fato de os brasileiros terem reduzido o uso do carro. O aumento das energias renováveis contribuiu para esta situação. (**explicitação**) / (**adição**)

36.4. Complete as frases.

1. O irmão da Sara tem vários amigos ingleses. Daí que _____

2. Abriram todas as janelas para que _____

3. Não só tem sido sempre um excelente profissional, como _____

4. Não tenho muitas oportunidades de praticar o meu inglês. Por isso _____

5. A proposta foi no sentido de equilibrar os salários entre o setor público e privado, ou seja, _____

Unidade 37 — conectores de contraste

◇ Os conectores de contraste, tal como o nome indica, expressam relações de contraste ou de oposição.

ainda que	embora	mesmo que	nem que	se bem que
	apesar de		não obstante	

☐ Contrastam duas ideias, ligando duas orações numa frase.

Apesar de ter *gostado* do vestido, não vou comprá-lo pois é muito caro.

Perderam o jogo, *embora* *fossem* o melhor time do campeonato.

Ainda que tenha tido muitos *contratempos*, esteve presente à reunião.

Não obstante a decisão *ser acatada*, tenho medo das reações da oposição.

ainda que / embora / mesmo que / nem que / se bem que são seguidos do verbo no subjuntivo.
(ver unidade 2)

apesar de / não obstante podem ser seguidos por um nome ou pelo verbo no infinitivo pessoal.
(ver unidade 10)

apesar disso	ainda assim	mesmo assim
contudo	porém	no entanto	por outro lado

☐ Contrastam duas ideias em duas frases.

Não tem tido respostas positivas. *Apesar disso*, continua enviando seu currículo a todas as empresas do ramo.

Não concordo com os seus métodos de trabalho. Os resultados, *porém*, são visíveis.

A explicação dada foi bastante esclarecedora. *Contudo*, ainda restam algumas dúvidas.

ao passo que	enquanto que

☐ Contrastam um fato ou uma opinião sobre uma pessoa, um local, um animal ou uma realidade.

A Regina é muito aplicada, *ao passo que* a irmã dificilmente tem boas notas na escola.

Enquanto que no Sul do Brasil chove muito, no Nordeste é mais quente e seco.

Unidade 37

Exercícios

37.1. Sublinhe o conector adequado. Ambos podem estar corretos.
1. Chegamos a horas, (embora / apesar de) tivéssemos saído de casa muito tarde.
2. Gostei bastante do curso de violão, (ainda que / enquanto que) tenha sido muito difícil.
3. Dissemos para ela que o serviço era caríssimo. (Mesmo assim / Embora), ela mandou fazê-lo.
4. (Mesmo que / Se bem que) sejam caríssimos, os ingressos para o *show* do Chico Buarque vão se esgotar em um minuto.
5. Nas férias, prefiro viajar para o interior, (enquanto que / apesar disso) a maioria dos meus amigos gosta mais de ir para a praia.

37.2. Complete o parágrafo com os seguintes conectores:

| contudo | mesmo assim | apesar de | embora | no entanto | ainda que | não obstante |

Já faz anos que as fábricas de cigarros são obrigadas por lei a imprimir avisos sobre os malefícios do fumo nos maços de cigarros, _____ afirmarem que isso as poderia arruinar. _____, parece que não fez grande diferença. As pessoas sabem que fumar prejudica gravemente a sua saúde e a dos outros. _____, continuam a fazê-lo, _____ as advertências. _____ algumas pessoas fossem a favor de uma lei que banisse os cigarros, o governo não está disposto a debater a questão. _____, as medidas de antitabagismo produziram efeito em fumadores ativos. _____ muitos não tenham deixado de fumar, reduziram consideravelmente.

37.3. Combine os elementos de cada coluna.

A	B	C
Muitas pessoas não sabem que eles,	não obstante	as audiências continuam subindo.
Conseguimos bons resultados	enquanto que	poucos são os que se preocupam.
A baixa qualidade de algumas novelas é uma realidade.	embora	a irmã é muito extrovertida.
Ele parece ser tímido e calmo	porém,	vivam juntos, não são casados.
Os teatros se encontram abandonados.	contudo,	a crise financeira.

1. _____
2. _____
3. _____
4. _____
5. _____

37.4. Ligue as frases com os conectores dados e faça as alterações necessárias.
1. É uma ótima cidade para se visitar. Tem problemas terríveis de trânsito. (ainda que)

2. Eu acho que você consegue. Não é fácil. (apesar de)

3. Não gostei do filme. Os atores e o diretor eram conhecidos. (embora)

4. Ela é a mais nova do grupo. Tem-se revelado melhor que os colegas mais antigos. (se bem que)

5. Gosto do colar. É falso. (mesmo que)

Unidade 38

derivação por prefixação e sufixação
(ver Apêndice 3-A)

◇ Chamam-se **derivadas** as palavras que se formam acrescentando pequenos elementos antes ou depois da palavra primitiva (palavra original, isto é, que não se forma a partir de outra). Se o elemento se coloca antes da palavra primitiva, chama-se **prefixo**; se se coloca depois, chama-se **sufixo**. Há palavras que podem ser formadas simultaneamente por prefixos e sufixos.

Verifique:

> palavra primitiva – **feliz**
> palavra derivada por prefixação – **in**feliz
> palavra derivada por sufixação – feliz**mente**
> palavra derivada por prefixação e sufixação – **in**feliz**mente**

◇ As palavras assim formadas adquirem novos significados, ou seja, os prefixos e os sufixos conferem diferentes sentidos às palavras.

◇ **Palavras derivadas por prefixação**

□ A ideia de **negação** ou **oposição** é dada pelos prefixos **des-**, **i-**, **ir-**, **im-** e **in-**.

> Fiquei muito **des**contente com o seu comportamento.
> Não sei porquê, mas me sinto **in**feliz.

□ A ideia de **movimento para dentro** e **movimento para fora** é dada pelos prefixos **i-**, **im-** e **e-**, **ex-**, respectivamente.

> Nos anos 90, muitos foram os brasileiros que **e**migraram para os EUA.
> Há muitos **i**migrantes japoneses vivendo no Brasil.
> O Brasil **im**porta mais trigo do que **ex**porta.

□ A ideia de **anterioridade** é dada pelo prefixo **pre-**.

> De acordo com a **pre**visão meteorológica, amanhã teremos um tempo nublado sujeito a fortes chuvas e trovoadas.

□ A ideia de **repetição** é dada pelo prefixo **re-**.

> Por sua causa, vou ter que **re**fazer o trabalho todo.

□ A ideia de **união**, **companhia** é dada pelos prefixos **co-**, **com-**, **con-**.

> É um trabalho de equipe e, como tal, todos vão **com**partilhar o lucro final.
> O objetivo da festa é a **con**fraternização entre todos os **co**laboradores da empresa.

Unidade 38

◇ **Palavras derivadas por sufixação**

☐ o sentido de **começo de uma ação** ou **passagem para um estado** é dado pelo sufixo verbal **-ecer**.
Não gosto nada do inverno: só são 17h30 e já está começando a anoit**ecer**.
Com tantas preocupações, você vai envelh**ecer** antes do tempo!

☐ o sentido de **realização de uma ação** é dado pelos sufixos verbais **-itar** e **-izar**.
As novas tecnologias vieram facil**itar** a vida de todos.
Os jesuítas vieram ao Brasil para catequ**izar**.

☐ o sentido de **modo** é dado pelo sufixo adverbial **-mente**.

> ☞ Adjetivo no singular, feminino.

Respondeu a todas as questões correta**mente**.

☐ o sentido de **profissão**, **ocupação** é dado pelos sufixos nominais **-ante**, **-eiro**, **-ista**, **-or**.
O jornal**eiro** é o homem que vende jornais e revistas numa banca; o jornal**ista** é quem escreve os artigos.
Os estud**antes** vão ser recebidos pelo diret**or** da escola.

☐ o sentido de **qualidade** ou **estado** é dado pelos sufixos nominais.
-al, **-ância**, **-ência**, **-dade**, **-dão**, **-ez**, **-eza**, **-ia**, **-oso**, **-ura**, **-vel**.
Não houve nenhuma vítima mort**al**, devido à rapid**ez** com que os bombeiros chegaram ao local do incêndio.
A toler**ância** e a prud**ência** são qualidades que ele não tem: é muito impaciente e precipitado.
Clari**dade** e escuri**dão** são, na linguagem poética, sinônimos de alegr**ia** e trist**eza**.
Dá gosto de ver a tern**ura** com que a avó trata os netos. Eles também são muito amá**veis** e carinh**osos** com ela.

☐ o sentido de **nacionalidade** ou **origem** é dado pelos sufixos nominais **-ano**, **-ão**, **-eiro**, **-ense**, **-ês**, **-ol**.
O Carlos é afric**ano**, o Fritz é alem**ão**, o Roberto é brasil**eiro**, o José é timor**ense**, o Ronaldo é portugu**ês** e o Juan é espanh**ol**.

☐ o sentido de **resultado da ação** é dado pelos sufixos nominais **-ança**, **-ença**, **-ão**, **-ção**, **-gem**, **-mento**, **-ura**.
Estou lendo um artigo sobre as semelh**anças** e difer**enças** entre os povos latinos.
Na minha opini**ão**, o gosto pela leit**ura** tem a ver com a educa**ção** que recebemos.
Por causa da ultrapassa**gem** brusca da moto, não conseguiu evitar o atropela**mento**.

☐ o sentido de **estabelecimento comercial** é dado pelo sufixo nominal **-aria**.
Vou à pad**aria** comprar um sonho de doce de leite.

☐ o sentido de **pequenez**, **diminuição** é dado pelos sufixos nominais **-inho**, **-zinho**. (a)
O João**zinho** tem uma letr**inha** muito perfeit**inha**.

☐ o sentido de **grandeza**, **aumento** é dado pelo sufixo nominal **-ão**. (b)
Ele vive sozinho naquele cas**arão**, que herdou do avô.

> ☞ Os sufixos diminutivos (a) e aumentativos (b) podem expressar juízos de valor; nesse caso designam-se por sufixos avaliativos.
>
> Aquela mulher**zinha** é insuportável! (expressa desprezo)
> Gosto muito da minha cas**inha**. (expressa afeto)
> O anel é lindo, mas custa um dinheir**ão**. (expressa exagero)

Unidade 38 — Exercícios

38.1. Com os **prefixos** a seguir indicados, forme palavras de modo a exprimir a ideia contrária da palavra dada.

des-	in-	im-	ir-	i-

1. Isso não passou de um lamentável _____. **previsto**
2. O seu quarto está numa total _____. **ordem**
3. Com tanto calor na sala, o ar se tornou _____. **respirável**
4. O discurso dele é completamente _____. **coerente**
5. É um aluno com uma assiduidade muito _____. **regular**
6. O que você fez foi _____. **perdoável**
7. O computador tem possibilidades _____. **limitadas**
8. Os médicos chegaram à conclusão que a doença dele é _____. **reversível**
9. Ao longo da sua vida, teve uma conduta _____. **repreensível**
10. A cobra é um animal _____. **vertebrado**

38.2. Com os seguintes **sufixos**, indique a **nacionalidade** ou **origem** correspondente às palavras dadas.

-ano	-ão	-eiro	-ense	-ês	-ol

1. Austrália — *australiano*
2. Espanha _____
3. Dinamarca _____
4. Itália _____
5. Escócia _____
6. Timor _____
7. Colômbia _____
8. China _____
9. Alemanha _____
10. África _____
11. Brasil _____
12. Venezuela _____
13. Moçambique _____
14. Japão _____
15. Cabo Verde _____

38.3. Com os seguintes **sufixos**, forme **nomes** a partir da palavra dada.

-ança / -ença
1. lembrar _____
2. doente _____
3. perseverante _____
4. diferente _____
5. crer _____

-ância / -ência
16. elegante _____
17. distante _____
18. decente _____
19. violento _____
20. experiente _____

-ura
31. terno _____
32. culto _____
33. ferver _____
34. cobrir _____
35. queimar _____

-ção
6. mal _____
7. orientar _____
8. distrair _____
9. eleger _____
10. aflito _____

-dade / -dão
21. ágil _____
22. apto _____
23. hábil _____
24. lento _____
25. sóbrio _____

-aria
36. pão _____
37. peixe _____
38. livro _____
39. sapatos _____
40. perfume _____

-gem
11. homenagear _____
12. secar _____
13. lavar _____
14. dublar _____
15. filmar _____

-ia
26. teimoso _____
27. irônico _____
28. covarde _____
29. valente _____
30. alegre _____

-inho / -zinho
41. minuto _____
42. jardim _____
43. pássaro _____
44. sacola _____
45. Maria _____

Unidade 38

Exercícios

38.4. Com os seguintes **sufixos**, forme **verbos** a partir da palavra dada.

-ecer		-itar / -izar	
1. manhã		6. débito	
2. tarde		7. real	
3. noite		8. sistema	
4. pobre		9. explícito	
5. doença		10. moderno	

38.5. A partir da palavra dada, forme **adjetivos** com os seguintes sufixos.

-al		-vel	
1. exceção		6. louvar	
2. mês		7. dispor	
3. semana		8. alterar	
4. comércio		9. favor	
5. espírito		10. saúde	

38.6. A partir dos **sufixos** dados, preencha os espaços com a **profissão / ocupação** correta.

	-eira / -eiro	-ista	-or / -ora
1. Conduz um caminhão	caminhoneiro		
2. Conserta sapatos			
3. Coleciona selos			
4. Dirige uma universidade			
5. Produz peças de cerâmica			
6. Trabalha na lavoura			
7. Apaga o fogo			
8. Escreve romances			
9. Vende flores			
10. Trabalha em madeira			

38.7. A partir da expressão dada, forme o **advérbio** com o **sufixo** **–mente**.

1. **Na realidade**, preciso de mais uns dias para acabar o trabalho. — Realmente
2. A programação dos canais de televisão é alterada **com frequência**.
3. Estou lhe falando **com sinceridade**.
4. Ouçam **com atenção** o que eu vou lhes dizer.
5. Aconteceu tudo tão **de repente**.
6. Não me diga que você quebrou o meu vaso **de propósito**!
7. Vivem **de maneira tranquila**: ambos não têm filhos e ganham bem.
8. Costumavam se encontrar **em segredo** atrás da igreja.
9. A olimpíada vai ser transmitida **em simultâneo** em todos os canais.
10. **Com efeito**, os resultados das eleições não foram muito animadores.
11. Sempre tratou das crianças **com muito carinho**.
12. Consegue **com facilidade** tudo o que quer.

Unidade 39

composição
(ver Apêndice 3-B)

◇ Chamam-se **compostas** as palavras que se formam a partir de outras palavras.
Estas novas palavras adquirem um *novo significado*, que pode nada ter em comum com as palavras que lhes deram origem.

   Ex.: amor-perfeito (nome de uma flor)

◇ São dois os processos de formação das palavras compostas.

☐ A partir de duas palavras, que podem estar ligadas por uma preposição, mantendo cada uma o seu acento tônico. Estas palavras têm diferentes categorias gramaticais: nomes, adjetivos, verbos, numerais, advérbios, etc.
Em regra geral, quando a nova palavra é constituída por dois elementos, estes são unidos por um hífen; quando ligadas por uma preposição, não têm hífen. (algumas exceções: cor-de-rosa; água-de-colônia; pé-de-meia)

   Ela está aprendendo a língua de sinais, porque vai trabalhar com **surdos-mudos**.
   Ele é **guarda-costas** de um famoso jogador de futebol.
   Meu doce preferido é o **mil-folhas**.
   Você será sempre **bem-vindo** na nossa casa.
   Perdi o meu **guarda-chuva** de novo; que azar!
   Gosto mais da blusa **cor-de-rosa** do que da **azul-escura**.

> ☞ No caso de espécies botânicas ou zoológicas, os elementos que constituem a nova palavra estão <u>sempre</u> unidos por um hífen.

   Encontrei um **ouriço-do-mar** junto às rochas da praia da Coroa Vermelha.
   Os **brincos-de-princesa** sempre foram as minhas flores preferidas.

☐ A partir de duas ou mais palavras que se unem intimamente, ficando com um só acento tônico (o da última palavra).

   Na minha casa só uso óleo de **girassol** para cozinhar.
   (gira sol → girassol)

   É uma criança mal-educada: faz birra e dá **pontapés**.
   (ponta do pé → pontapé)

   A **aguardente** se obtém da cana-de-açúcar.
   (água ardente → aguardente)

   O **pernilongo** me picou no braço enquanto acampávamos.
   (perna longo → pernilongo)

   Brasília se situa no **planalto** central do Brasil.
   (plano alto → planalto)

Unidade 39 — Exercícios

39.1. Cada palavra do quadro **A** combina com uma do quadro **B**. Forme, deste modo, **palavras compostas**, usando, quando necessário, hífen e/ou preposição. Complete as frases com a palavra adequada.

A

água	estrela	porta
azul	~~guarda~~	saca
belas	luso	surdo
cabeça	novo	pé
castanho	obra	pão
sem	pé	fim

B

rico	voz	colônia
mar	duro	rolhas
~~roupa~~	escuro	semana
prima	terra	cabra
mudo	artes	dura
claro	brasileiro	d'água

1. Ele tem tanta roupa que já nada cabe mais no _guarda-roupa_.
2. Está caindo um _____.
3. Os _____ invadiram a propriedade no Estado do Pará.
4. Sou assistente social e trabalho com crianças _____.
5. Tem o cabelo _____ e uns lindos olhos _____.
6. Enquanto estivemos na praia, as crianças pegaram duas _____ e umas conchinhas.
7. Trouxeram as bebidas, mas ninguém se lembrou de trazer um _____ para abrir as garrafas.
8. Pela maneira como se comportam vê-se logo que são _____; jogam dinheiro pela janela e gostam de mostrar tudo o que têm.
9. Arrombaram a porta com um _____ e levaram tudo o que havia de valor.
10. A minha namorada me deu de presente uma _____ com um cheiro muito agradável de limão.
11. Portugueses e brasileiros jogam esta noite. Esta final _____ vai suscitar muita expectativa.
12. "Os Sertões" de João Guimarães Rosa é a sua _____.
13. Meu pai não me deu nada de Natal. Ele é um _____.
14. Este menino é muito teimoso. Ele é um _____.
15. O ministro foi representado por um _____ que transmitiu a mensagem aos grevistas.
16. Na escola de _____ ele fez um curso completo de pintura, escultura e desenho.
17. O sábado nunca mais chega. Estou querendo ir à praia no _____.

39.2. Com os seguintes conjuntos de palavras, forme **uma só palavra**. Em seguida complete as frases com a **palavra adequada**.

boca aberta	_____	contra tempo	_____
passa tempo	_____	roda pé	_____
espaço nave	_____	vinho acre	_____
para quedas	_____	bem feitor	_____

1. Os jornais noticiaram mais uma viagem com êxito da _____ norte-americana a Marte.
2. O meu _____ preferido é fazer palavras cruzadas.
3. Azeite e _____ são temperos muito usados na salada.
4. Damos o nome de _____ a quem pratica o bem perante seus semelhantes.
5. Tinha um encontro marcado com a Isabela, mas acabei tendo um _____ de última hora.
6. A casa ficou lindíssima. Tanto o teto como os _____ de madeira. Tudo contrasta com o branco das paredes.
7. Fiquei _____ com a notícia que ele me deu.
8. Ele se jogou de _____ a 1500 metros de altitude e depois pousou na praia.

Unidade 40 — regras da acentuação gráfica
(ver Apêndice 1)

◊ **Acentuação das palavras proparoxítonas**
Todas as palavras proparoxítonas são acentuadas graficamente:

☐ com acento agudo, se a vogal da sílaba tônica for aberta:
> último; rápido; relatório; exército; íntimo;

☐ com acento circunflexo, se a vogal da sílaba tônica não for aberta:
> lâmpada; pêssego; estômago; providência; elegância.

◊ **Acentuação das palavras oxítonas**
Determinadas palavras oxítonas são acentuadas graficamente:

☐ com acento agudo:
○ palavras terminadas nas vogais abertas **-a**, **-e**, **-o** e com ditongos abertos **-ei**, **-oi**, **-eu**, seguidos ou não de **-s**:
> pá; dá; jacaré; avó;
> anéis; lençóis; chapéu.

○ palavras com duas ou mais sílabas terminadas em **-em** ou **-ens**:
> também; ninguém; parabéns; convém.

> ☞ Os monossílabos terminados em **-em** ou **-ens** não se acentuam:
> bem; cem; bens; trens.

○ palavras terminadas nas vogais tônicas **-i** e **-u**, seguidas ou não de **-s**, quando precedidas de vogal com a qual não formam ditongo:
> aí; saí; país; baú.

> ☞ Não são acentuados, o **-i** ou o **-u** tônico, quando seguidos de uma consoante que não seja **-s**:
> raiz; cair; Raul.

☐ com acento circunflexo:
○ palavras terminadas com vogais não abertas **-e** e **-o**, seguidas ou não de **-s**:
> lê; três; avô; pôs.

○ as formas verbais da 3ª pessoa do plural terminadas em **-em**, para as distinguir das do singular (igualmente terminadas em **-em**):
> vêm (cf. vem); detêm (cf. detém).

○ a forma verbal **pôr**, para se distinguir da preposição **por**.

> ☞ Os derivados deste verbo não são acentuados:
> dispor; compor; supor.

Acentuação das palavras paroxítonas

Uma vez que a maioria das palavras da língua portuguesa são paroxítonas, a sua acentuação só se faz excepcionalmente, para evitar eventuais erros de leitura. Deste modo, deverá ser colocado na vogal tônica o acento agudo, se esta for aberta, ou circunflexo, se esta não for aberta, nos seguintes casos:

- nas formas terminadas em **-l**, **-n**, **-r** ou **-x**:
  fácil; pólen; caráter; tórax.

- nas palavras terminadas em **-i**, **-u**, **vogal nasal** ou **ditongo nasal**, seguidos ou não de **-s**:
  lápis; Vênus; álbuns; órfã; bênção; órgãos.

- nas palavras cuja vogal tônica oral é **-i** ou **-u**, precedida de vogal com que não forma ditongo:
  baía; saída; saúde; viúvo.

> ☞ Não são acentuadas as palavras cuja vogal tônica é nasal (Coimbra; triunfo) ou seguida de som nasal *nh*: (rainha).

- nas formas verbais do mesmo verbo que podem se confundir com outras:
  pôde (pretérito perfeito) cf. pode (presente do indicativo);
  dêmos (presente do subjuntivo) cf. demos (pretérito perfeito).

- no nome *fôrma* (molde; utensílio para fazer bolos), para se distinguir dos seus homógrafos:

forma
- nome – figura geométrica; feitio; modo; modelo.
- verbo – 3ª pessoa do singular do presente do indicativo do verbo *formar*.

Unidade 40 — Exercícios

40.1. Coloque os **acentos** respectivos nas palavras que devem ser acentuadas graficamente.

1. japones	perfil	pontape	consul	rapaz
2. homem	moinho	refem	voces	falavamos
3. anel	sotao	oasis	caju	musica
4. raiz	dificil	ceu	agua	heroi
5. juri	veem	açucar	saida	portuguesa
6. ruido	apoio	paraiso	hotel	nuvem
7. armario	papeis	baus	virus	jiboia
8. moveis	camara	climax	compor	abriamos
9. graudo	piano	dariamos	gas	abdomen
10. util	atras	limao	paises	lessemos

40.2. Em cada par de palavras, uma é acentuada graficamente. Indique qual e coloque o **acento correto**.

1. — Cuidado, tia, não **caia**!
   — Eu **caia** mesmo, se eu não tivesse me segurado em você!
2. A Rita hoje já **pode** sair. Ontem não **pode**, porque teve que estudar.
3. O Paulo ainda não **tem** ingresso para o futebol, mas os amigos já **tem**.
4. Comprei esta **forma**, em **forma** de estrela, para fazer o bolo de aniversário do meu filho.
5. Estivemos no *shopping* para comprar uma **saia**. Mas depois, no estacionamento, carro nenhum **saia** olhando para minhas pernas.
6. — A que horas fecha a **secretaria** da escola?
   — Não sei bem. Pergunte à D. Neide, a **secretaria** do diretor.
7. Eu **sai** de casa aos 18 anos, mas o meu irmão diz que não **sai** antes dos 30.
8. Ele nasceu no Brasil, mas considera a França o seu **pais**, para onde se mudou com os **pais** há mais de 20 anos.
9. Vou **aquela** loja comprar **aquela** blusa que está na vitrine.
10. Tudo **funcionaria** melhor, se contratássemos outra **funcionaria**.
11. **Por** mais que me esforce, não consigo **por** o trabalho em dia.
12. **As** aulas acabam **as** cinco da tarde.
13. Não me **interprete** mal, mas o **interprete** que me indicou não preenchia os requisitos.
14. Sofia, amanhã por **esta** hora você já **esta** de férias lá em Toledo.
15. **De**-me um copo **de** suco, por favor.

Unidade 40

Exercícios

40.3. Leia as frases com atenção e coloque o acento gráfico correto nas palavras que o exigem.

1. Eu nunca ponho açucar no chá, nem no café; só no leite.

2. Fui ao médico, porque há dias que ando com dor de estômago.

3. Quando compramos a máquina fotográfica, ganhamos um álbum de brinde.

4. As vendas de celulares no nosso país têm aumentado nos últimos anos.

5. A indústria têxtil brasileira é reconhecida internacionalmente por seu algodão.

6. Em época de muita chuva, as consequências das enchentes no setor socioeconômico são sempre dramáticas.

7. Veja aí no mapa quantos quilômetros faltam para chegarmos à fronteira da Argentina.

8. Com esse trânsito, se fôssemos a pé, chegaríamos mais depressa.

9. Vocês leem as legendas a esta distância?

10. O vocabulário específico da área de direito não é nada fácil.

11. Gostaríamos de provar o bolo de fubá, se fosse possível.

12. O juiz chamou o advogado do réu à parte e ninguém sabe o que ele disse.

13. Recebi uma carta dos meus avós e felizmente os dois estão bem de saúde.

14. Sem dúvida que você contribuiu muito para o êxito do espetáculo.

15. Ela se pôs a falar português em apenas três meses.

40.4. Leia o texto e coloque o acento gráfico correto nas palavras que o exigem.

O Luís recebeu uma barraca pelo seu aniversário. Como faz aniversário em março, ainda não pode estreá-la. Vai aproveitar o feriado da Páscoa para ir acampar na Serra do Mar com o Antônio e o amigo dele finlandês, estudante universitário de intercâmbio que só está no Brasil há três meses e pouco conhece o nosso país.
Saíram do Rio de Janeiro no sábado, às nove da manhã com um lindo dia de sol, mas logo que chegaram lá o céu estava coberto de nuvens escuras e se viam relâmpagos de longe. Como diz a música de Tom Jobim: «são as águas de março fechando o verão».

Unidade 41 - uso dos sinais de pontuação
(ver Apêndice 2)

• o **ponto final** / . / • a **vírgula** / , / • o **ponto e vírgula** / ; / • os **dois pontos** / : /	• o **ponto de interrogação** / ? / • o **ponto de exclamação** / ! / • as **reticências** / ... /	• as **aspas** / " " / • os **parênteses** / ( ) / • o **travessão** / – /
marcam as **pausas** ao longo ou no fim das frases, que exprimem um conjunto significativo.	indicam, além das pausas, a **entoação** com que a frase foi dita ou deve ser lida.	assinalam outros fatos.

◊ **ponto final**: coloca-se no fim de uma frase declarativa, para indicar que o sentido está completo.
> D. Pedro I foi o primeiro imperador do Brasil.

◊ **vírgula**: delimita alguns elementos constituintes da frase; separa determinadas orações.
> A Margarida, irmã do Henrique, não esteve na reunião, porque não foi avisada com antecedência.

◊ **ponto e vírgula**: separa orações coordenadas, quando são extensas ou orações subordinadas que dependem do mesmo verbo.
> O médico dá consultas, no hospital, às 2as feiras das 9h00 às 12h30; no consultório, às 2as e 4as feiras das 18h00 às 20h00; na clínica, às 6as feiras das 14h30 às 18h00.

◊ **dois pontos**: empregam-se antes de uma citação, fala, enumeração ou explicação.
> As estações do ano são quatro: primavera, verão, outono e inverno.

◊ **ponto de interrogação**: coloca-se no fim de uma frase interrogativa direta.
> Como você se chama?

◊ **ponto de exclamação**: coloca-se no fim de uma frase exclamativa, depois das interjeições e das formas verbais do imperativo.
> Que lindo dia!
> Parabéns! Viva!

◊ **reticências**: indicam que o sentido da frase está incompleto.
> Ele quis dar o passo maior que a perna e aí já viu...

◊ **aspas**: empregam-se no princípio e no fim de uma transcrição ou citação, para citar o título de uma obra ou artigo, para realçar uma palavra ou expressão.
> Li um artigo muito interessante sobre "Dona Flor e seus dois maridos".

◊ **parênteses**: empregam-se para separar da frase uma palavra ou oração intercalada.
> Estava em Búzios (que é onde costumava passar férias) quando soube do golpe de 1964 pela televisão.

◊ **travessão**: tal como os parênteses, emprega-se para isolar no texto palavras ou frases e ainda para introduzir o discurso direto.
> O professor disse:
> — Façam o exercício da página 20.

Unidade 41 — Exercícios

41.1. Leia com atenção os três textos e faça a sua **pontuação**, recorrendo aos sinais indicados antes de cada um.

1. | , | ; | : | . | " " |

O curso para fins específicos Conceitos de Gestão visa ajudar os participantes a desenvolverem as suas capacidades em língua portuguesa de acordo com as suas necessidades profissionais Os objetivos principais são revisão e consolidação das estruturas linguísticas enriquecimento quantitativo e seletivo do vocabulário na área específica em questão treino intensivo de capacidade criativa de expressão

2. | . | ? | ! | – | … |

Então Alice você vem conosco   perguntou o João
Bem que eu gostaria mas   respondeu a Alice
Ah É verdade Você tem prova amanhã   disse o João   Que pena

3. | . | " " | ( ) | , |

O nome carioca é dado aos habitantes da cidade do Rio de Janeiro A origem da palavra vem da língua indígena tupi o que quer dizer casa de homem branco o que diferenciava da moradia as aldeias onde viviam os índios

41.2. Leia com atenção o seguinte texto, colocando **os sinais de pontuação** adequados.

As obras do arquiteto brasileiro Oscar Niemeyer estão presentes no mundo inteiro Brasil Estados Unidos França Alemanha Argélia Itália e muitos outros Ao lado dos grandes artistas Lúcio Costa urbanista e Burle Marx paisagista participou da construção da cidade de Brasília projetando o Palácio da Alvorada o Palácio do Planalto a Catedral o Congresso os prédios do Ministério além dos edifícios residenciais e comerciais

Foi comunista e por isso enfrentou diversas dificuldades durante a ditadura militar no Brasil se exilando na França durante anos com o apoio do Partido Comunista francês PCF
Retornou ao Brasil apenas no início da década de 80 quando começou a chamada fase abertura lenta, gradual e segura

Além das inúmeras obras projetou gratuitamente em benefício das causas que inspiravam sua construção

Apêndice 1 — Acentuação

◇ Na língua portuguesa, **a sílaba tônica**, isto é, a sílaba que se pronuncia com mais intensidade, **situa-se sempre numa das três últimas sílabas da palavra**. Dependendo dessa posição, as palavras se classificam em:

☐ oxítonas → acentuadas na última sílaba – ca**fé** (ca-**fé**)
☐ paroxítonas → acentuadas na penúltima sílaba – ca**der**no (ca-**der**-no)
☐ proparoxítonas → acentuadas na antepenúltima sílaba – re**pú**blica (re-**pú**-bli-ca)

◇ Na sua maioria, as palavras da língua portuguesa:

☐ são paroxítonas, isto é, têm o acento tônico na penúltima sílaba;
☐ não são acentuadas graficamente.

◇ Deste modo, o acento gráfico só se usa nos casos em que a sua omissão poderá levar a uma incorreta pronúncia da palavra.

Os acentos gráficos são três:

grave (`), **agudo** (´) e **circunflexo** (^)

☐ Emprego do acento grave.

○ O **acento grave** se usa apenas nos casos de crase, que resulta de uma contração, geralmente de palavra com igual som vocálico.

Ex.: preposição *a* + artigo definido *a* = **à**
preposição *a* + demonstrativo *aquele* = **àquele**

☐ Emprego dos acentos agudo e circunflexo.

○ Os **acentos agudo** e **circunflexo** usam-se, em determinadas circunstâncias, **para marcar a sílaba tônica**:

• agudo - quando a sílaba é aberta
• circunflexo - quando a sílaba é fechada

Ex.: avó
avô

Apêndice 2 — Pontuação

◊ Os sinais de pontuação são fundamentais para uma correta interpretação da mensagem na linguagem escrita, representando as pausas, entonação, inflexão da voz do código oral. A sua omissão ou má colocação pode deturpar o sentido da frase ou levar mesmo à sua total incompreensão.

1. ponto final .

◊ Marca uma pausa demorada. Coloca-se no fim de uma frase declarativa, para indicar que o seu sentido está completo.

>   Ex.: O Brasil é o maior país da América do Sul**.**

Obs.: Pode ainda indicar supressão de letras e, neste caso, chama-se **ponto de abreviatura**.

>   Ex.: Exmo**.** Sr**.** Dr**.** = **Ex**celentíssi**mo S**enho**r D**outo**r**

2. vírgula ,

◊ Marca uma pausa ligeira no interior das frases, delimitando alguns elementos que as constituem ou separando determinadas orações.
Recorre-se à vírgula para separar:

☐ O vocativo.
>   Ex.: — **Garçom,** você poderia me trazer o cardápio, por favor.
>   — Fique quietinho**, Pedro**.

☐ O aposto.
>   Ex.: A D. Madalena**, professora de Português,** está organizando um simpósio em Salvador.

☐ Os complementos circunstanciais.
>   Ex.: Fui convidado**, há uns dias,** para a inauguração de uma exposição de pintura**, na galeria de uma amiga minha, em São Paulo**.

☐ Determinadas palavras e expressões explicativas ou conclusivas – *efetivamente, portanto, ou seja, isto é, como tal, deste modo, por conseguinte*, etc.
>   Ex.: Segundo um relatório do IBGE, um terço do mercado de trabalho no Brasil**, ou seja,** 60 milhões de pessoas, não tem carteira assinada.

☐ Os advérbios *sim* e *não*, quando podem ser isolados do resto da frase.
>   Ex.: — Sou**, sim**. Sou brasileiro com muito orgulho.
>   — **Não,** hoje ainda não vi o Pedro.

☐ As adversativas *porém, contudo, no entanto, apesar disso,* etc., no início ou no interior da frase.
>   Ex.: Todos o consideram culpado. Eu**, porém,** acredito na sua inocência.
>   **No entanto,** teremos que aguardar o resultado do julgamento final.

Apêndice 2 — Pontuação

- As orações coordenadas adversativas ligadas por *mas*.
    Ex.: Ele disse que vinha à reunião**, mas** não veio.

- Palavras que desempenhem a mesma função na frase ou orações coordenadas, sempre que a conjugação *e, nem, ou*, estiver omitida.
    Ex.: Na festa de São João, homens**,** mulheres**,** crianças pulavam**,** gritavam**,** batiam palmas de tanta alegria.

- As orações gerundivas e participiais ou expressões equivalentes.
    Ex.: **Feitos os deveres de casa,** vocês podem ir ao cinema.
    Saiu correndo**, batendo a porta**.

- A oração intercalada.
    Ex.: A melhor defesa**, sempre ouvi dizer,** é o ataque.

- A oração relativa explicativa.
    Ex.: A Tânia**, que foi a melhor aluna do curso,** conseguiu uma bolsa de estudos na Suíça.

- A oração subordinada, intercalada ou não.
    Ex.: O Thiago**, quando chegou em casa,** foi logo telefonar para a namorada.
    Soube então que ele tinha faltado às aulas**, porque estava doente**.

3. ponto e vírgula ;

◇ Marca uma pausa mais longa do que a vírgula, mas mais curta do que o ponto final. Recorre-se ao ponto e vírgula para separar:

- Orações coordenadas, quando são extensas ou contêm elementos já separados por vírgulas.
    Ex.: O professor entrou na sala de aula e fechou a porta**;** pediu aos alunos, que já estavam todos sentados nos seus lugares, que abrissem os livros na página 23**;** leu o texto e explicou o vocabulário novo.

- Orações subordinadas que dependem da mesma subordinante.
    Ex.: É bom saber que temos um amigo do peito**;** que podemos contar com alguém nos momentos difíceis da vida**;** que não estamos sós.

4. dois pontos :

◇ Marcam uma pausa relativamente demorada.
Recorre-se aos dois pontos para:

- Introduzir as falas do discurso direto.
    Ex.: O professor disse**:**
        — Hoje vamos fazer exercícios de revisão.

Apêndice 2 — Pontuação

- [ ] Indicar uma citação.
    Ex.: No cartaz estava escrito: "Vende-se ou aluga-se este apartamento"

- [ ] Apresentar uma enumeração ou explicação.
    Ex.: O Mercosul é liderado por dois países: Brasil e Argentina.
        À primeira vista nem o reconheci: tinha feito a barba e ficou com cara de moleque.

5. ponto de interrogação ?

◇ Marca uma pausa. Coloca-se no fim de uma frase interrogativa direta, para reproduzir a entonação característica de uma pergunta.
    Ex.: A que horas você larga o serviço hoje?

6. ponto de exclamação !

◇ Marca uma pausa. Coloca-se no fim de uma frase exclamativa, depois das interjeições e no fim de certas frases imperativas, para exprimir, através da entonação, as mais diferentes emoções (admiração, espanto, entusiasmo, ira, medo, dúvida, etc.).
    Ex.: — Ah! Que pôr do sol lindo! Que coisa bonita!
        — Puxa! Como é cara a diária desta pousada!

7. reticências ...

◇ Marcam uma pausa. Colocam-se no fim de uma frase para, através da entonação, indicar que o seu sentido não está completo (podendo estar subentendido) ou traduzir hesitação, dúvida, ironia (ou outros sentimentos).
    Ex.: Você devia ouvir os conselhos da sua mãe. Olha que quem avisa...
        A cara dele não me é estranha, mas... não sei de onde o conheço.

8. aspas " "

◇ Colocam-se no princípio e no fim de uma fala, transcrição ou citação; do título de uma obra, publicação, artigo, filme, etc.; de uma palavra ou expressão para ser destacada.
    Ex.: "Central do Brasil" é um clássico do cinema nacional.
        Muitas histórias infantis começam por "Era uma vez..."

    "Quem vem lá?"
    "Sou eu, não fique com medo."

Apêndice 2 — Pontuação

9. parênteses ( )

◊ Empregam-se para intercalar na frase uma explicação, uma reflexão ou um comentário à margem da ideia principal.

> Ex.: O Pelourinho (fico sempre maravilhado com a beleza arquitetônica deste lugar!) é patrimônio mundial da UNESCO.
> Essa foi uma proposta do MST (Movimento dos Trabalhadores Sem Terra) para conciliar latifundiários e comunidades agrícolas.

10. travessão —

◊ Emprega-se para introduzir as falas, ou mudanças de falas, no discurso direto; para separar o discurso indireto do discurso direto; para isolar uma palavra, expressão ou oração intercaladas numa frase.

> Ex.: — Quem vem lá? — perguntou a Ana, com medo.
> — Sou eu — respondeu o João — não se assuste!

Apêndice 3-A — Formação de palavras – derivação

◊ Chamam-se **derivadas** as palavras que se formam acrescentando pequenos elementos antes ou depois da palavra primitiva (palavra original, isto é, que não se forma a partir de outra). Se o elemento se coloca antes da palavra primitiva se chama **prefixo**; se se coloca depois se chama **sufixo**. Há palavras que podem ser formadas simultaneamente por prefixos e sufixos.

◊ Normalmente, os prefixos têm uma significação exata, concreta, enquanto que os sufixos apresentam a ideia de um modo mais vago.

◊ Os **sufixos** podem ser **verbais**, ou seja, com eles se formam verbos; **adverbiais**, ou seja, com eles se formam advérbios; **nominais**, ou seja, com eles se formam nomes e adjetivos.

1. **Prefixos** mais usuais e seus significados.

prefixos	significado	exemplos
a-; an-	privação; negação	**a**moral; **an**alfabeto
co-; com-; con-	união; companhia	**co**laborar; **com**por; **con**correr
de-; des-	oposição; ação contrária	**de**compor; **des**contente; **des**fazer
e-; em-; en- i-; im-; in-	movimento para dentro	**e**migrar; **em**bolsar; **en**caixar; **i**migrar; **im**portar; **in**cluir
e-; em-; en-	mudança de estado	**e**magrecer; **em**palidecer; **en**gordar
e-; ex-	movimento para fora	**e**xilar; **ex**portar
i-; im-; in-; ir-	negação	**i**legal; **im**possível; **in**feliz; **ir**real
per-	movimento através de	**per**correr; **per**furar
pre-	anterioridade	**pre**ver; **pre**cedente
re-	repetição	**re**ler; **re**lembrar

2. **Sufixos** mais usuais e seus significados.

   2.1. Sufixos verbais.

sufixos	significado	exemplos
-ar; -er, -ir	indicação da ação	fal**ar**; com**er**; sa**ir**
-ecer	começo da ação passagem para um estado	anoit**ecer** envelh**ecer**
-itar; -izar	realização da ação	civil**izar**; facil**itar**

   2.2. Sufixo adverbial.

sufixo	significado	exemplos
-mente	modo; maneira	facil**mente**; rapida**mente**

Apêndice 3-A — Formação de palavras – derivação

2.3. Sufixos nominais.

sufixos	significado	exemplos
-ada	ação; resultado da ação ajuntamento; abundância	colher**ada**; dent**ada** papel**ada**; menin**ada**
-al	qualidade; estado ajuntamento; lugar	mort**al**; leg**al** manguez**al**; laranj**al**
-ança; -ença	ação; resultado da ação	lembr**ança**; difer**ença**
-ância; -ência	qualidade; estado	toler**ância**; prud**ência**
-ano (-ana)	nacionalidade; origem	americ**ano**; itali**ana**
-ão	aumentativo; ação; resultado da ação nacionalidade; origem	casar**ão**; port**ão** conclus**ão**; arranh**ão** alem**ão**
-ar	relação; referência	escol**ar**; famili**ar**
-aria	estabelecimento comercial	papel**aria**; pastel**aria**
-ção	ação; resultado da ação	cria**ção**; forma**ção**
-dade; -dão	qualidade; estado	felici**dade**; escuri**dão**
-eira; -eiro	recipiente profissão nacionalidade; origem plantas	cafet**eira**; cinz**eiro** jornal**eiro** brasil**eiro** ros**eira**; limo**eiro**
-ense	nacionalidade; origem	timor**ense**; flumin**ense**
-ês (-esa)	nacionalidade; origem	portugu**ês**; franc**esa**
-eta	diminutivo	sal**eta**
-eto	diminutivo	livr**eto**
-ez; -eza	qualidade; estado	embriagu**ez**; bel**eza**
-gem	ação; resultado da ação	lava**gem**; reporta**gem**
-ia	qualidade; estado	alegr**ia**; valent**ia**; covard**ia**
-inho (-inha); -isco	diminutivos	menin**inho**; chuv**isco**
-ismo	sistema resultado da ação; terminologia científica	ideal**ismo**; capital**ismo** hero**ísmo** neolog**ismo**
-ista	profissão	jornal**ista**; dent**ista**
-mento	ação; resultado da ação	desenvolvi**mento**
-ol (-ola)	nacionalidade; origem	espanh**ol**; espanh**ola**
-or (-ora)	profissão; ocupação	diret**or**; profess**ora**
-oso (-osa)	abundância; qualidade	chuv**oso**; mentir**osa**
-ura	ação; resultado da ação qualidade; estado	pint**ura**; queimad**ura** branc**ura**; tern**ura**
-vel	qualidade; estado	amá**vel**; sensí**vel**
-zinho (-zinha)	diminutivo	pe**zinho**; rua**zinha**

Obs.: Entre a palavra primitiva e o sufixo pode surgir uma **consoante de ligação** para facilitar a pronúncia.

Ex.: cafe**t**eira; cafe**z**al

Apêndice 3-B — Formação de palavras – composição

◇ Chamam-se **compostas** as palavras que se formam a partir de duas, ou mais, palavras.

◇ Há, no entanto, dois processos de formação de palavras compostas.

1. As que se formaram a partir de duas palavras, por vezes ligadas por uma preposição, embora cada uma mantenha o seu próprio acento tônico. Na maior parte dos casos, os elementos desta nova palavra estão unidos por um hífen.

    Ex.: couve-flor   : nome   + nome (a)
          amor-perfeito   : nome   + adjetivo (b)
          novo-rico   : adjetivo + nome (c)
          surdo-mudo   : adjetivo + adjetivo (d)
          segunda-feira   : numeral + nome (e)
          guarda-chuva   : verbo   + nome (f)
          bem-humorado   : advérbio + adjetivo (g)
          perna de pau   : nome   + preposição + nome (h)

    Obs.: Quanto ao plural destas palavras compostas, note que nos casos (a), (b), (c), (d) e (e), os dois elementos vão para o plural; nos casos (f) e (g), só o 2º elemento vai para o plural; no caso (h), só o 1º elemento vai para o plural.

2. As que se formam a partir de duas ou mais palavras que se aglutinam, por forma a darem origem a uma nova palavra com um único acento tônico, o do último elemento.

    Ex.: espaçonave   (espaço nave)
          aguardente   (água ardente)
          girassol   (gira sol)

    Obs.: Quanto ao plural destas palavras compostas, e uma vez que funcionam como uma única palavra, segue-se a regra geral. (ver Apêndice 3, *Gramática Ativa 1*)

Apêndice 4-A — Verbos regulares

1ª conjugação (-ar)

DEITAR			
conjugação ativa – tempos simples		**conjugação ativa – tempos compostos**	
INDICATIVO	SUBJUNTIVO	INDICATIVO	SUBJUNTIVO
presente	**presente**		**pretérito perfeito**
eu deito	(que) eu deite		(que) eu tenha deitado
tu deitas	(que) tu deites		(que) tu tenhas deitado
ele deita	(que) ele deite		(que) ele tenha deitado
nós deitamos	(que) nós deitemos		(que) nós tenhamos deitado
eles deitam	(que) eles deitem		(que) eles tenham deitado
pretérito imperfeito	**pretérito imperfeito**		**pretérito mais--que-perfeito**
eu deitava	(se) eu deitasse		(se) eu tivesse deitado
tu deitavas	(se) tu deitasses		(se) tu tivesses deitado
ele deitava	(se) ele deitasse		(se) ele tivesse deitado
nós deitávamos	(se) nós deitássemos		(se) nós tivéssemos deitado
eles deitavam	(se) eles deitassem		(se) eles tivessem deitado
pretérito perfeito	**futuro do presente**	**pretérito perfeito**	**futuro do presente**
eu deitei	(quando) eu deitar	eu tenho deitado	(quando) eu tiver deitado
tu deitaste	(quando) tu deitares	tu tens deitado	(quando) tu tiveres deitado
ele deitou	(quando) ele deitar	ele tem deitado	(quando) ele tiver deitado
nós deitamos	(quando) nós deitarmos	nós temos deitado	(quando) nós tivermos deitado
eles deitaram	(quando) eles deitarem	eles têm deitado	(quando) eles tiverem deitado
pretérito mais--que-perfeito	**futuro do pretérito**	**pretérito mais--que-perfeito**	**futuro do pretérito**
eu deitara	eu deitaria	eu tinha deitado	eu teria deitado
tu deitaras	tu deitarias	tu tinhas deitado	tu terias deitado
ele deitara	ele deitaria	ele tinha deitado	ele teria deitado
nós deitáramos	nós deitaríamos	nós tínhamos deitado	nós teríamos deitado
eles deitaram	eles deitariam	eles tinham deitado	eles teriam deitado
futuro do presente	**IMPERATIVO**	**futuro do presente**	
eu deitarei		eu terei deitado	
tu deitarás	deita (tu)	tu terás deitado	
ele deitará	deite (você)	ele terá deitado	
nós deitaremos		nós teremos deitado	
eles deitarão	deitem (vocês)	eles terão deitado	
INFINITIVO	**OUTRAS FORMAS**	**INFINITIVO**	**OUTRAS FORMAS**
pessoal	**gerúndio**	**pessoal**	**gerúndio**
deitar (eu)	deitando	ter deitado (eu)	tendo deitado
deitares (tu)	**particípio passado**	teres deitado (tu)	
deitar (ele)	deitado	ter deitado (ele)	
deitarmos (nós)		termos deitado (nós)	
deitarem (eles)		terem deitado (eles)	
impessoal		**impessoal**	
deitar		ter deitado	

Apêndice 4-A — Verbos regulares

conjugação passiva		conjugação reflexa		conjugação pronominal	
INDICATIVO	**SUBJUNTIVO**	**INDICATIVO**	**SUBJUNTIVO**	**INDICATIVO**	**SUBJUNTIVO**
presente	**presente**	**presente**	**presente**	**presente**	**presente**
eu sou deitado	(que) eu seja deitado	eu me deito	(que) eu me deite	eu o deito	(que) eu o deite
tu és deitado	(que) tu sejas deitado	tu te deitas	(que) tu te deites	tu o deitas	(que) tu o deites
ele é deitado	(que) ele seja deitado	ele se deita	(que) ele se deite	ele o deita	(que) ele o deite
nós somos deitados	(que) nós sejamos deitados	nós nos deitamos	(que) nós nos deitemos	nós o deitamos	(que) nós o deitemos
eles são deitados	(que) eles sejam deitados	eles se deitam	(que) eles se deitem	eles o deitam	(que) eles o deitem
pretérito imperfeito	**pretérito imperfeito**	**pretérito imperfeito**	**pretérito imperfeito**	**pretérito imperfeito**	**pretérito imperfeito**
eu era deitado	(se) eu fosse deitado	eu me deitava	(se) eu me deitasse	eu o deitava	(se) eu o deitasse
tu eras deitado	(se) tu fosses deitado	tu te deitavas	(se) tu te deitasses	tu o deitavas	(se) tu o deitasses
ele era deitado	(se) ele fosse deitado	ele se deitava	(se) ele se deitasse	ele o deitava	(se) ele o deitasse
nós éramos deitados	(se) nós fôssemos deitados	nós nos deitávamos	(se) nós nos deitássemos	nós o deitávamos	(se) nós o deitássemos
eles eram deitados	(se) eles fossem deitados	eles se deitavam	(se) eles se deitassem	eles o deitavam	(se) eles o deitassem
pretérito perfeito	**futuro do presente**	**pretérito perfeito**	**futuro do presente**	**pretérito perfeito**	**futuro do presente**
eu fui deitado	(quando) eu for deitado	eu me deitei	(quando) eu me deitar	eu o deitei	(quando) eu o deitar
tu foste deitado	(quando) tu fores deitado	tu te deitaste	(quando) tu te deitares	tu o deitaste	(quando) tu o deitares
ele foi deitado	(quando) ele for deitado	ele se deitou	(quando) ele se deitar	ele o deitou	(quando) ele o deitar
nós fomos deitados	(quando) nós formos deitados	nós nos deitamos	(quando) nós nos deitarmos	nós o deitamos	(quando) nós o deitarmos
eles foram deitados	(quando) eles forem deitados	eles se deitaram	(quando) eles se deitarem	eles o deitaram	(quando) eles o deitarem
pretérito mais-que-perfeito		**pretérito mais-que-perfeito**		**pretérito mais-que-perfeito**	
eu fora deitado		eu me deitara		eu o deitara	
tu foras deitado		tu te deitaras		tu o deitaras	
ele fora deitado		ele se deitara		ele o deitara	
nós fôramos deitados		nós nos deitáramos		nós o deitáramos	
eles foram deitados		eles se deitaram		eles o deitaram	
futuro do presente	**futuro do pretérito**	**futuro do presente**	**futuro do pretérito**	**futuro do presente**	**futuro do pretérito**
eu serei deitado	eu seria deitado	eu deitar-me-ei	eu deitar-me-ia	eu deitá-lo-ei	eu deitá-lo-ia
tu serás deitado	tu serias deitado	tu deitar-te-ás	tu deitar-te-ias	tu deitá-lo-ás	tu deitá-lo-ias
ele será deitado	ele seria deitado	ele deitar-se-á	ele deitar-se-ia	ele deitá-lo-á	ele deitá-lo-ia
nós seremos deitados	nós seríamos deitados	nós deitar-nos-emos	nós deitar-nos-íamos	nós deitá-lo-emos	nós deitá-lo-íamos
eles serão deitados	eles seriam deitados	eles deitar-se-ão	eles deitar-se-iam	eles deitá-lo-ão	eles deitá-lo-iam
INFINITIVO	**IMPERATIVO**	**INFINITIVO**	**IMPERATIVO**	**INFINITIVO**	**IMPERATIVO**
pessoal	sê deitado (tu)	**pessoal**	deita-te (tu)	**pessoal**	deita-o (tu)
ser deitado (eu)	seja deitado (você)	deitar-me (eu)	deite-se (você)	deitá-lo (eu)	deite-o (você)
seres deitado (tu)	sejam deitados (vocês)	deitares-te (tu)	deitem-se (vocês)	deitare-lo (tu)	deitem-no (vocês)
ele ser deitado (ele)	**OUTRAS FORMAS**	deitar-se (ele)	**OUTRAS FORMAS**	deitá-lo (ele)	**OUTRAS FORMAS**
sermos deitados (nós)	**gerúndio**	deitarmo-nos (nós)	**gerúndio**	deitarmo-lo (nós)	**gerúndio**
serem deitados (eles)	sendo deitado	deitarem-se (eles)	deitando-se	deitarem-no (eles)	deitando-o
impessoal	**particípio passado**	**impessoal**		**impessoal**	
ser deitado	sido deitado	deitar-se		deitá-lo	

Apêndice 4-A — Verbos regulares

2ª conjugação (-er)

ESCONDER

conjugação ativa – tempos simples		conjugação ativa – tempos compostos	
INDICATIVO	**SUBJUNTIVO**	**INDICATIVO**	**SUBJUNTIVO**
presente	**presente**		**pretérito perfeito**
eu escondo	(que) eu esconda		(que) eu tenha escondido
tu escondes	(que) tu escondas		(que) tu tenhas escondido
ele esconde	(que) ele esconda		(que) ele tenha escondido
nós escondemos	(que) nós escondamos		(que) nós tenhamos escondido
eles escondem	(que) eles escondam		(que) eles tenham escondido
pretérito imperfeito	**pretérito imperfeito**		**pretérito mais-que-perfeito**
eu escondia	(se) eu escondesse		(se) eu tivesse escondido
tu escondias	(se) tu escondesses		(se) tu tivesses escondido
ele escondia	(se) ele escondesse		(se) ele tivesse escondido
nós escondíamos	(se) nós escondêssemos		(se) nós tivéssemos escondido
eles escondiam	(se) eles escondessem		(se) eles tivessem escondido
pretérito perfeito	**futuro do presente**	**pretérito perfeito**	**futuro do presente**
eu escondi	(quando) eu esconder	eu tenho escondido	(quando) eu tiver escondido
tu escondeste	(quando) tu esconderes	tu tens escondido	(quando) tu tiveres escondido
ele escondeu	(quando) ele esconder	ele tem escondido	(quando) ele tiver escondido
nós escondemos	(quando) nós escondermos	nós temos escondido	(quando) nós tivermos escondido
eles esconderam	(quando) eles esconderem	eles têm escondido	(quando) eles tiverem escondido
pretérito mais-que-perfeito	**futuro do pretérito**	**pretérito mais-que-perfeito**	**futuro do pretérito**
eu escondera	eu esconderia	eu tinha escondido	eu teria escondido
tu esconderas	tu esconderias	tu tinhas escondido	tu terias escondido
ele escondera	ele esconderia	ele tinha escondido	ele teria escondido
nós escondêramos	nós esconderíamos	nós tínhamos escondido	nós teríamos escondido
eles esconderam	eles esconderiam	eles tinham escondido	eles teriam escondido
futuro do presente	**IMPERATIVO**	**futuro do presente**	
eu esconderei		eu terei escondido	
tu esconderás	esconde (tu)	tu terás escondido	
ele esconderá	esconda (você)	ele terá escondido	
nós esconderemos		nós teremos escondido	
eles esconderão	escondam (vocês)	eles terão escondido	
INFINITIVO	**OUTRAS FORMAS**	**INFINITIVO**	**OUTRAS FORMAS**
pessoal	**gerúndio**	**pessoal**	**gerúndio**
esconder (eu)	escondendo	ter escondido (eu)	tendo escondido
esconderes (tu)	**particípio passado**	teres escondido (tu)	
esconder (ele)	escondido	ter escondido (ele)	
escondermos (nós)		termos escondido (nós)	
esconderem (eles)		terem escondido (eles)	
impessoal		**impessoal**	
esconder		ter escondido	

Apêndice 4-A — Verbos regulares

conjugação passiva		conjugação reflexa		conjugação pronominal	
INDICATIVO	**SUBJUNTIVO**	**INDICATIVO**	**SUBJUNTIVO**	**INDICATIVO**	**SUBJUNTIVO**
presente	**presente**	**presente**	**presente**	**presente**	**presente**
eu sou escondido	(que) eu seja escondido	eu me escondo	(que) eu me esconda	eu o escondo	(que) eu o esconda
tu és escondido	(que) tu sejas escondido	tu te escondes	(que) tu te escondas	tu o escondes	(que) tu o escondas
ele é escondido	(que) ele seja escondido	ele se esconde	(que) ele se esconda	ele o esconde	(que) ele o esconda
nós somos escondidos	(que) nós sejamos escondidos	nós nos escondemos	(que) nós nos escondamos	nós o escondemos	(que) nós o escondamos
eles são escondidos	(que) eles sejam escondidos	eles se escondem	(que) eles se escondam	eles o escondem	(que) eles o escondam
pretérito imperfeito	**pretérito imperfeito**	**pretérito imperfeito**	**pretérito imperfeito**	**pretérito imperfeito**	**pretérito imperfeito**
eu era escondido	(se) eu fosse escondido	eu me escondia	(se) eu me escondesse	eu o escondia	(se) eu o escondesse
tu eras escondido	(se) tu fosses escondido	tu te escondias	(se) tu te escondesses	tu o escondias	(se) tu o escondesses
ele era escondido	(se) ele fosse escondido	ele se escondia	(se) ele se escondesse	ele o escondia	(se) ele o escondesse
nós éramos escondidos	(se) nós fôssemos escondidos	nós nos escondíamos	(se) nós nos escondêssemos	nós o escondíamos	(se) nós o escondêssemos
eles eram escondidos	(se) eles fossem escondidos	eles se escondiam	(se) eles se escondessem	eles o escondiam	(se) eles o escondessem
pretérito perfeito	**futuro do presente**	**pretérito perfeito**	**futuro do presente**	**pretérito perfeito**	**futuro do presente**
eu fui escondido	(quando) eu for escondido	eu me escondi	(quando) eu me esconder	eu o escondi	(quando) eu o esconder
tu foste escondido	(quando) tu fores escondido	tu te escondeste	(quando) tu te esconderes	tu o escondeste	(quando) tu o esconderes
ele foi escondido	(quando) ele for escondido	ele se escondeu	(quando) ele se esconder	ele o escondeu	(quando) ele o esconder
nós fomos escondidos	(quando) nós formos escondidos	nós nos escondemos	(quando) nós nos escondermos	nós o escondemos	(quando) nós o escondermos
eles foram escondidos	(quando) eles forem escondidos	eles se esconderam	(quando) eles se esconderem	eles o esconderam	(quando) eles o esconderem
pretérito mais--que-perfeito		**pretérito mais--que-perfeito**		**pretérito mais--que-perfeito**	
eu fora escondido		eu me escondera		eu o escondera	
tu foras escondido		tu te esconderas		tu o esconderas	
ele fora escondido		ele se escondera		ele o escondera	
nós fôramos escondidos		nós nos esconderamos		nós o escondêramos	
eles foram escondidos		eles se esconderam		eles o esconderam	
futuro do presente	**futuro do pretérito**	**futuro do presente**	**futuro do pretérito**	**futuro do presente**	**futuro do pretérito**
eu serei escondido	eu seria escondido	eu esconder-me-ei	eu esconder-me-ia	eu escondê-lo-ei	eu escondê-lo-ia
tu serás escondido	tu serias escondido	tu esconder-te-ás	tu esconder-te-ias	tu escondê-lo-ás	tu escondê-lo-ias
ele será escondido	ele seria escondido	ele esconder-se-á	ele esconder-se-ia	ele escondê-lo-á	ele escondê-lo-ia
nós seremos escondidos	nós seríamos escondidos	nós esconder-nos-emos	nós esconder-nos-íamos	nós escondê-lo-emos	nós escondê-lo-íamos
eles serão escondidos	eles seriam escondidos	eles esconder-se-ão	eles esconder-se-iam	eles escondê-lo-ão	eles escondê-lo-iam
INFINITIVO	**IMPERATIVO**	**INFINITIVO**	**IMPERATIVO**	**INFINITIVO**	**IMPERATIVO**
pessoal	sê escondido (tu)	**pessoal**	esconde-te (tu)	**pessoal**	esconde-o (tu)
ser escondido (eu)	seja escondido (você)	esconder-me (eu)	esconda-se (você)	escondê-lo (eu)	esconda-o (você)
seres escondido (tu)	sejam escondidos (vocês)	esconderes-te (tu)	escondam-se (vocês)	esconderes-lo (tu)	escondam-no (vocês)
ser escondido (ele)	**OUTRAS FORMAS**	esconder-se (ele)	**OUTRAS FORMAS**	escondê-lo (ele)	**OUTRAS FORMAS**
sermos escondidos (nós)	**gerúndio**	escondermo-nos (nós)	**gerúndio**	escondermo-lo (nós)	**gerúndio**
serem escondidos (eles)	sendo escondido	esconderem-se (eles)	escondendo-se	esconderem-no (eles)	escondendo-o
impessoal	**particípio passado**	**impessoal**		**impessoal**	
ser escondido	sido escondido	esconder-se		escondê-lo	

Apêndice 4-A — Verbos regulares

3ª conjugação (-ir)

DEMITIR

conjugação ativa – tempos simples		conjugação ativa – tempos compostos	
INDICATIVO	**SUBJUNTIVO**	**INDICATIVO**	**SUBJUNTIVO**
presente	**presente**		**pretérito perfeito**
eu demito	(que) eu demita		(que) eu tenha demitido
tu demites	(que) tu demitas		(que) tu tenhas demitido
ele demite	(que) ele demita		(que) ele tenha demitido
nós demitimos	(que) nós demitamos		(que) nós tenhamos demitido
eles demitem	(que) eles demitam		(que) eles tenham demitido
pretérito imperfeito	**pretérito imperfeito**		**pretérito mais- -que-perfeito**
eu demitia	(se) eu demitisse		(se) eu tivesse demitido
tu demitias	(se) tu demitisses		(se) tu tivesses demitido
ele demitia	(se) ele demitisse		(se) ele tivesse demitido
nós demitíamos	(se) nós demitíssemos		(se) nós tivéssemos demitido
eles demitiam	(se) eles demitissem		(se) eles tivessem demitido
pretérito perfeito	**futuro do presente**	**pretérito perfeito**	**futuro do presente**
eu demiti	(quando) eu demitir	eu tenho demitido	(quando) eu tiver demitido
tu demitiste	(quando) tu demitires	tu tens demitido	(quando) tu tiveres demitido
ele demitiu	(quando) ele demitir	ele tem demitido	(quando) ele tiver demitido
nós demitimos	(quando) nós demitirmos	nós temos demitido	(quando) nós tivermos demitido
eles demitiram	(quando) eles demitirem	eles têm demitido	(quando) eles tiverem demitido
pretérito mais- -que-perfeito	**futuro do pretérito**	**pretérito mais- -que-perfeito**	**futuro do pretérito**
eu demitira	eu demitiria	eu tinha demitido	eu teria demitido
tu demitiras	tu demitirias	tu tinhas demitido	tu terias demitido
ele demitira	ele demitiria	ele tinha demitido	ele teria demitido
nós demitíramos	nós demitiríamos	nós tínhamos demitido	nós teríamos demitido
eles demitiram	eles demitiriam	eles tinham demitido	eles teriam demitido
futuro do presente	**IMPERATIVO**	**futuro do presente**	
eu demitirei		eu terei demitido	
tu demitirás	demite (tu)	tu terás demitido	
ele demitirá	demita (você)	ele terá demitido	
nós demitiremos		nós teremos demitido	
eles demitirão	demitam (vocês)	eles terão demitido	
INFINITIVO	**OUTRAS FORMAS**	**INFINITIVO**	**OUTRAS FORMAS**
pessoal	**gerúndio**	**pessoal**	**gerúndio**
demitir (eu)	demitindo	ter demitido (eu)	tendo demitido
demitires (tu)	**particípio passado**	teres demitido (tu)	
demitir (ele)	demitido	ter demitido (ele)	
demitirmos (nós)		termos demitido (nós)	
demitirem (eles)		terem demitido (eles)	
impessoal		**impessoal**	
demitir		ter demitido	

Apêndice 4-A — Verbos regulares

conjugação passiva		conjugação reflexa		conjugação pronominal	
INDICATIVO	**SUBJUNTIVO**	**INDICATIVO**	**SUBJUNTIVO**	**INDICATIVO**	**SUBJUNTIVO**
presente	**presente**	**presente**	**presente**	**presente**	**presente**
eu sou demitido	(que) eu seja demitido	eu me demito	(que) eu me demita	eu o demito	(que) eu o demita
tu és demitido	(que) tu sejas demitido	tu te demites	(que) tu te demitas	tu o demites	(que) tu o demitas
ele é demitido	(que) ele seja demitido	ele se demite	(que) ele se demita	ele o demite	(que) ele o demita
nós somos demitidos	(que) nós sejamos demitidos	nós nos demitimos	(que) nós nos demitamos	nós o demitimos	(que) nós o demitamos
eles são demitidos	(que) eles sejam demitidos	eles se demitem	(que) eles se demitam	eles o demitem	(que) eles o demitam
pretérito imperfeito	**pretérito imperfeito**	**pretérito imperfeito**	**pretérito imperfeito**	**pretérito imperfeito**	**pretérito imperfeito**
eu era demitido	(se) eu fosse demitido	eu me demitia	(se) eu me demitisse	eu o demitia	(se) eu o demitisse
tu eras demitido	(se) tu fosses demitido	tu te demitias	(se) tu te demitisses	tu o demitias	(se) tu o demitisses
ele era demitido	(se) ele fosse demitido	ele se demitia	(se) ele se demitisse	ele o demitia	(se) ele o demitisse
nós éramos demitidos	(se) nós fôssemos demitidos	nós nos demitíamos	(se) nós nos demitíssemos	nós o demitíamos	(se) nós o demitíssemos
eles eram demitidos	(se) eles fossem demitidos	eles se demitiam	(se) eles se demitissem	eles o demitiam	(se) eles o demitissem
pretérito perfeito	**futuro do presente**	**pretérito perfeito**	**futuro do presente**	**pretérito perfeito**	**futuro do presente**
eu fui demitido	(quando) eu for demitido	eu me demiti	(quando) eu me demitir	eu o demiti	(quando) eu o demitir
tu foste demitido	(quando) tu fores demitido	tu te demitiste	(quando) tu te demitires	tu o demitiste	(quando) tu o demitires
ele foi demitido	(quando) ele for demitido	ele se demitiu	(quando) ele se demitir	ele o demitiu	(quando) ele o demitir
nós fomos demitidos	(quando) nós formos demitidos	nós nos demitimos	(quando) nós nos demitirmos	nós o demitimos	(quando) nós o demitirmos
eles foram demitidos	(quando) eles forem demitidos	eles se demitiam	(quando) eles se demitirem	eles o demitiram	(quando) eles o demitirem
pretérito mais--que-perfeito		**pretérito mais--que-perfeito**		**pretérito mais--que-perfeito**	
eu fora demitido		eu me demitira		eu o demitira	
tu foras demitido		tu te demitiras		tu o demitiras	
ele fora demitido		ele se demitira		ele o demitira	
nós fôramos demitidos		nós nos demitíramos		nós o demitíramos	
eles foram demitidos		eles se demitiram		eles o demitiram	
futuro do presente	**futuro do pretérito**	**futuro do presente**	**futuro do pretérito**	**futuro do presente**	**futuro do pretérito**
eu serei demitido	eu seria demitido	eu demitir-me-ei	eu demitir-me-ia	eu demiti-lo-ei	eu demiti-lo-ia
tu serás demitido	tu serias demitido	tu demitir-te-ás	tu demitir-te-ias	tu demiti-lo-ás	tu demiti-lo-ias
ele será demitido	ele seria demitido	ele demitir-se-á	ele demitir-se-ia	ele demiti-lo-á	ele demiti-lo-ia
nós seremos demitidos	nós seríamos demitidos	nós demitir-nos-emos	nós demitir-nos-íamos	nós demiti-lo-emos	nós demiti-lo-íamos
eles serão demitidos	eles seriam demitidos	eles demitir-se-ão	eles demitir-se-iam	eles demiti-lo-ão	eles demiti-lo-iam
INFINITIVO	**IMPERATIVO**	**INFINITIVO**	**IMPERATIVO**	**INFINITIVO**	**IMPERATIVO**
pessoal	sê demitido (tu)	**pessoal**	demite-te (tu)	**pessoal**	demite-o (tu)
ser demitido (eu)	seja demitido (você)	demitir-me (eu)	demita-se (você)	demiti-lo (eu)	demita-o (você)
seres demitido (tu)	sejam demitidos (vocês)	demitires-te (tu)	demitam-se (vocês)	demitire-lo (tu)	demitam-no (vocês)
ser demitido (ele)	**OUTRAS FORMAS**	demitir-se (ele)	**OUTRAS FORMAS**	demiti-lo (ele)	**OUTRAS FORMAS**
sermos demitidos (nós)	**gerúndio**	demitirmo-nos (nós)	**gerúndio**	demitirmo-lo (nós)	**gerúndio**
serem demitidos (eles)	sendo demitido	demitirem-se (eles)	demitindo-se	demitirem-no (eles)	demitindo-o
impessoal	**particípio passado**	**impessoal**		**impessoal**	
ser demitido	sido demitido	demitir-se		demiti-lo	

Apêndice 4-B — Verbos irregulares

verbos auxiliares (*)

ESTAR	IR	SER	TER	ESTAR	IR	SER	TER
INDICATIVO				**SUBJUNTIVO**			
presente				**presente**			
eu estou	eu vou	eu sou	eu tenho	(que) eu esteja	(que) eu vá	(que) eu seja	(que) eu tenha
tu estás	tu vais	tu és	tu tens	(que) tu estejas	(que) tu vás	(que) tu sejas	(que) tu tenhas
ele está	ele vai	ele é	ele tem	(que) ele esteja	(que) ele vá	(que) ele seja	(que) ele tenha
nós estamos	nós vamos	nós somos	nós temos	(que) nós estejamos	(que) nós vamos	(que) nós sejamos	(que) nós tenhamos
eles estão	eles vão	eles são	eles têm	(que) eles estejam	(que) eles vão	(que) eles sejam	(que) eles tenham
pretérito imperfeito				**pretérito imperfeito**			
eu estava	eu ia	eu era	eu tinha	(se) eu estivesse	(se) eu fosse	(se) eu fosse	(se) eu tivesse
tu estavas	tu ias	tu eras	tu tinhas	(se) tu estivesses	(se) tu fosses	(se) tu fosses	(se) tu tivesses
ele estava	ele ia	ele era	ele tinha	(se) ele estivesse	(se) ele fosse	(se) ele fosse	(se) ele tivesse
nós estávamos	nós íamos	nós éramos	nós tínhamos	(se) nós estivéssemos	(se) nós fôssemos	(se) nós fôssemos	(se) nós tivéssemos
eles estavam	eles iam	eles eram	eles tinham	(se) eles estivessem	(se) eles fossem	(se) eles fossem	(se) eles tivessem
pretérito perfeito				**futuro do presente**			
eu estive	eu fui	eu fui	eu tive	(quando) eu estiver	(quando) eu for	(quando) eu for	(quando) eu tiver
tu estiveste	tu foste	tu foste	tu tiveste	(quando) tu estiveres	(quando) tu fores	(quando) tu fores	(quando) tu tiveres
ele esteve	ele foi	ele foi	ele teve	(quando) ele estiver	(quando) ele for	(quando) ele for	(quando) ele tiver
nós estivemos	nós fomos	nós fomos	nós tivemos	(quando) nós estivermos	(quando) nós formos	(quando) nós formos	(quando) nós tivermos
eles estiveram	eles foram	eles foram	eles tiveram	(quando) eles estiverem	(quando) eles forem	(quando) eles forem	(quando) eles tiverem
pretérito-mais-que-perfeito				**IMPERATIVO**			
eu estivera	eu fora	eu fora	eu tivera				
tu estiveras	tu foras	tu foras	tu tiveras	está (tu)	está (tu)	sê (tu)	tem (tu)
ele estivera	ele fora	ele fora	ele tivera	esteja (você)	esteja (você)	seja (você)	tenha (você)
nós estivéramos	nós fôramos	nós fôramos	nós tivéramos				
eles estiveram	eles foram	eles foram	eles tiveram	estejam (vocês)	estejam (vocês)	sejam (vocês)	tenham (vocês)
				INFINITIVO			
futuro do presente				**pessoal**			
eu estarei	eu irei	eu serei	eu terei	estar (eu)	ir (eu)	ser (eu)	ter (eu)
tu estarás	tu irás	tu serás	tu terás	estares (tu)	ires (tu)	seres (tu)	teres (tu)
ele estará	ele irá	ele será	ele terá	estar (ele)	ir (ele)	ser (ele)	ter (ele)
nós estaremos	nós iremos	nós seremos	nós teremos	estarmos (nós)	irmos (nós)	sermos (nós)	termos (nós)
eles estarão	eles irão	eles serão	eles terão	estarem (eles)	irem (eles)	serem (eles)	terem (eles)
				impessoal			
				estar	ir	ser	ter
futuro do pretérito				**OUTRAS FORMAS**			
				gerúndio			
eu estaria	eu iria	eu seria	eu teria	estando	indo	sendo	tendo
tu estarias	tu irias	tu serias	tu terias				
ele estaria	ele iria	ele seria	ele teria				
nós estaríamos	nós iríamos	nós seríamos	nós teríamos	**particípio passado**			
eles estariam	eles iriam	eles seriam	eles teriam	estado	ido	sido	tido

(*) auxiliares da voz passiva: **ser** e **estar**
 auxiliares da conjugação perifrástica: **estar** e **ir**
 auxiliar dos tempos compostos: **ter**

Soluções dos Exercícios

Unidade 1

1.1.

1. tenha
2. venha
3. veja
4. compremos
5. façam
6. peça
7. abram
8. pague
9. sigam
10. ponha
11. traga
12. vista
13. fique
14. dispam
15. ouça
16. perca
17. consigamos
18. leiam
19. durma
20. beba
21. digam
22. saiam
23. possa
24. trabalhemos

1.2.

2. tenha cuidado
3. ouçam
4. sigam as instruções
5. venha em casa
6. comece mais tarde
7. veja a Ana hoje
8. coma tanto
9. leiam o artigo
10. paguem com cartão de crédito
11. ponha o casaco
12. façam barulho
13. sinta frio
14. levemos uns amigos
15. peça as chaves ao porteiro

1.3.

2. É possível que você encontre o Pedro lá na praia.
3. É preciso que ele invista melhor o dinheiro dele.
4. É preciso que a senhora faça uma dieta.
5. É possível que você consiga este emprego.
6. É necessário que estudemos mais português.
7. É provável que eu ainda faça alguns erros.
8. É provável que eu fique em casa.
9. É preciso que você cuide mais da sua alimentação.
10. É possível que ela precise de repouso.
11. É possível que eles venham me visitar.
12. É provável que você não se sinta à vontade.
13. É possível que ainda nos vejamos hoje.
14. É possível que você fique morto de cansado.

Unidade 2

2.1.

1. queira
2. saibamos
3. esteja
4. dê
5. sejam
6. vá
7. seja
8. haja
9. vamos
10. saiba
11. queira
12. estejamos
13. dê
14. estejam
15. saiba
16. seja
17. vá
18. queiram
19. vá
20. seja
21. esteja
22. queiramos
23. deem
24. saiba

2.2.

1. encontre/esteja
2. se esqueça
3. façam
4. possa
5. seja
6. queira
7. esteja
8. tenha
9. chegue
10. saibam
11. haja
12. se apressem
13. pergunte
14. cheguem
15. peça
16. esfrie
17. perca
18. saia
19. dê

2.3.
2. não quebrem nada.
3. ele saiba bem inglês, não foi admitido.
4. não haja ingressos para o teatro, vamos para minha casa.
5. a senhora não abra uma conta corrente, não recebe o cartão de débito.
6. fale com ele primeiro, não posso tirar conclusões.
7. ele venha com a família toda, vamos encomendar mais salgadinhos e docinhos.
8. não o conheça pessoalmente, falamos muito por telefone.
9. não consiga encontrar a pousada.
10. esteja completamente sarado, não deve sair.
11. me ofereçam estes pacotes, não compro mais nada nesta agência.
12. dirija com cuidado.

Unidade 3

3.1.
2. saiba tantas línguas
3. possa ficar
4. deem todas as informações
5. esqueça o assunto
6. se sinta bem
7. esteja melhor
8. venha comigo
9. façam barulho
10. devolva o dinheiro
11. seja um bom aluno
12. haja algum problema
13. ligue mais tarde
14. consiga um táxi
15. jantem conosco
16. consulte um médico

3.2.
1. chegue
2. consiga
3. ganhem
4. venham
5. tenham
6. ajude
7. enxergue
8. vá
9. diga
10. se divirtam
11. saiba
12. durma/esteja
13. acredite
14. tragam
15. mintam
16. possa

3.3.
2. se lembrem
3. esteja
4. consiga
5. haja
6. aceite
7. saiba
8. venham

Unidade 4

4.1.
1. fiquemos em casa amanhã.
2. não tenha ninguém no escritório.
3. nos encontremos mais tarde.
4. ainda haja ingressos para o *show*.
5. vá jantar fora.
6. dê uma festa em casa.

4.2.
1. tenha que trabalhar neste fim de semana.
2. eles queiram vir conosco à praia.
3. consiga falar com ele amanhã.
4. eles possam vir com a gente.
5. os veja hoje à noite.

4.3.
2. não estejam
3. não saiba
4. não haja
5. aceite
6. traga

4.4.
1. passe
2. corra
3. dê
4. ganhe
5. chegue
6. traga

Unidade 5

5.1.
1. coma
2. durma
3. tente
4. sejam
5. diga
6. faça
7. sejam
8. ganhe
9. seja
10. sinta
11. poupe
12. peça
13. seja
14. faça
15. queira

5.2.
2. (…) chore, não faço as suas vontades.
3. (…) mais que eu pense, não consigo me lembrar do nome da churrascaria.
4. Por muito longa que seja a viagem, prefiro ir e vir no mesmo dia de avião.
5. Por mais conselhos que a mãe lhe dê, ele só faz o que bem entende.
6. Por mais que ele corra, já não consegue pegar o ônibus.
7. Por muito mal que ela se sinta, não quer ir ao médico.
8. Por muito que eu queira ajudá-la, ela não deixa. É muito orgulhosa.
9. Por muita pena que eu tenha, não vou lhe emprestar dinheiro de novo.
10. Por muito famosa que ela seja, continua sendo uma pessoa simples e modesta.
11. Por muito que ele se esforce, não consegue aprender inglês.
12. Por mais malandro que seja o moleque, vão descobrir que foi ele.

Unidade 6

6.1.
1. possa
2. funcione
3. veja
4. vá
5. esteja

6.2.
1. seja
2. têm
3. fica
4. tenha
5. tire
6. fale/ande
7. sirva
8. serve
9. mate
10. saiba
11. apaga
12. está
13. sejam
14. conheçam
15. fale

6.3.
2. Ela prefere calça que seja apertada.
3. Tem alguém por aí que não tenha acesso à internet?
4. Prefiro morar numa casinha que seja fora da cidade.
5. Eles querem contratar uma empregada que tenha boas referências.
6. Vamos a um restaurante que seja perto da praia e que não seja muito caro.

Unidade 7

7.1.
1. venha
2. seja
3. vão
4. venham
5. diga
6. ligue
7. passem
8. seja
9. seja
10. se case
11. esteja
12. ponha
13. sejam
14. queira
15. faça

7.2.
1. goste
2. esteja/esteja
3. estejam
4. queiram
5. vá/fique
6. venha/vá
7. bajule
8. saiba
9. ponha/ponha
10. me deite

7.3.
2. Qualquer que seja o presente, acho que vou gostar.
3. O que quer que diga, agora não tem mais importância.
4. Quem quer que faça isso, tem que fazer direitinho.
5. Aonde quer que vão, eles se encontram sempre.
6. A quem quer que pergunte, a resposta será a mesma.

7.4.
2. Quer cheguemos na hora quer nos atrasemos, o chefe está sempre de cara feia.
3. Quer tenha aulas quer não, tenho que ir à faculdade.
4. Quer perca quer ganhe, o Waldemar sempre joga no *bicho*.
5. Quer venha quer não, estou em casa o dia todo de bobeira.
6. Quer esteja doente quer não, tem que ir trabalhar.

Unidade 8

8.1.
1. vocês saibam a resposta.
2. seja necessário contratar mais gente.
3. o filho dela já tenha barba e bigode.
4. eles venham de bonde.
5. haja muito engarrafamento nesta hora do *rush*.
6. você tenha razão.
7. esteja na hora de ir embora daqui.
8. o tempo vá melhorar na semana que vem.
9. ele esteja de cama.
10. tragam presentes para todo mundo.
11. você consiga passar no exame do Detran.

8.2.
2. Não penso que a resposta esteja certa.
3. Não acredito que essa ideia seja sensata.
4. Não acho que vá dar praia amanhã.
5. Não acredito que ela chegue na *hora H*.
6. Não acho que ela goste de música sertaneja.

8.3.
1. ele tenha muitos amigos.
2. eles nadem em dinheiro.
3. eu faça o trabalho sozinho e bem feito.
4. ele esteja mais gordo.
5. o Zé venha amanhã filar uma boia.
6. lá nos deem todas as informações com a maior boa vontade.
7. eles saibam desse assunto sigiloso.
8. ele consiga bater o recorde de fofoqueiro do escritório.
9. a Bebel queira ficar em casa fazendo suas unhas.
10. não tenha tempo para nada.

Unidade 9

9.1.
1. há; estejam
2. seja; consegue; quer
3. concordam; digo
4. paguem; mudo
5. treinem; esteja
6. sabem
7. conheça; vai
8. queira
9. leia
10. vale; são
11. tenha; diz; se interessa
12. se atrasem; está
13. possa; organize
14. traga; ficam
15. fale; comete
16. levo; encontro
17. estão
18. aceitam
19. tente; consegue
20. para; faça

9.2.
queremos; tenhamos; dá; andamos; guarde; parece; é; diz; vamos; esteja; podemos; fiquemos; tenhamos; interessa; tem; haja; é; possamos; estejam; queiram; está; vamos; ficamos; acabe; dê

Unidade 10

10.1.
1. há; são
2. seja; é
3. queira; vá
4. dê
5. tem
6. preferem; corra
7. se importe; prefiro
8. se lembre; vê
9. podemos; queiram
10. venha; deixa

10.2.
1. quer
2. tenham
3. vejam
4. veem
5. ficam
6. fiquem

10.3.
1. aceitem; precisarem
2. instalarem; leiam; tenham
3. possa; avise; possamos
4. deem; conclua; saber (sabermos/saberem)
5. saiba; fazer (fazermos/fazerem)

10.4.
vão; esteja; querem; assinarem; confirme; está; haja; se encarregue; fique; possa; há; se responsabilize; cumprir

Unidade 11

11.1.
2. tivesse dinheiro!
3. conseguisse aprender inglês!
4. pudesse ser dançarina!
5. se preocupasse tanto!
6. viesse conosco!
7. parasse de fumar!
8. morássemos mais perto!
9. estivesse ardendo de febre!
10. fosse mais jovem!

11.2.
2. fosse filho deles.
3. fosse uma criança.
4. soubesse tudo.
5. eu não existisse para ele.
6. caísse do céu.

11.3.
1. conhecesse
2. tivesse
3. fosse
4. fosse
5. estivéssemos
6. gostasse

Unidade 12

12.1.
2. o quarto não estivesse uma bagunça, eu conseguiria encontrar as minhas coisas.
3. o elevador estivesse funcionando, não teríamos que descer os nove andares a pé.
4. o anel fosse de ouro, valeria muito.
5. você lesse mais, não cometeria tantos erros no ditado.
6. vocês não estivessem sempre cochichando durante as aulas, aprenderiam mais.

12.2.
2. a conhecesse muito bem, eu iria falar com ela.
3. tivesse ovos em casa, eu faria o bolo.
4. soubesse falar português, eu responderia ao anúncio.
5. hoje não fosse seu aniversário, eu brigaria com você.
6. você não estivesse errado, eu lhe pediria desculpa.

12.3.
1. fosse
2. estivesse
3. fosse
4. ganhássemos
5. saíssemos
6. soubesse
7. pagasse
8. dessem
9. pegassem
10. visse

12.4. (sugestões)
1. me oferecessem 2 empregos ..., eu aceitaria o interessante e mal remunerado.
2. eu encontrasse uma carteira na rua com ..., eu devolveria à polícia.
3. ao chegar em casa, eu me desse conta que esta estava sendo assaltada, eu telefonaria para a polícia.
4. um filho ou filha minha quisesse casar com ..., eu deixaria.
5. eu visse alguém roubando no supermercado, eu chamaria a polícia.

Unidade 13

13.1.
1.
- tivesse
- houvesse
- estudasse
- pagassem

2.
- pedissem
- emprestasse
- fizessem
- dessem

13.2.
3. Ele achava uma boa ideia que os filhos praticassem um esporte na escola.
4. Talvez eu pudesse ir ao cinema com vocês hoje à tardinha.
5. Eles esperavam que não fosse nada grave.
6. Podia ser que o novo tratamento desse resultado.
7. Era uma pena que ela não estivesse aqui com a gente.
8. Não havia ninguém que pudesse me ajudar na mudança.
9. Mesmo que fosse caro, eu não estava nem aí. Meu marido era rico.
10. Queria que você fosse ao supermercado comprar um pé de alface.
11. Não havia nada que eu pudesse fazer, naquele momento, por você.
12. Por muito que lhe implorassem, ela não ia mudar de ideia.
13. Quer quisesse quer não, tinha que cortar o cabelo.
14. Preferia mudar para uma casa onde tivesse um quintal.
15. Queria tanto que você viesse à minha festa de São Cosme e São Damião!

13.3.
era; era; tivesse; déssemos; conseguíssemos; ficava; pensava; quisesse; quisesse; tinha; gostasse; tinha; estivesse; voltava; tomava; fosse

Unidade 14

14.1.
1. for
2. falarmos
3. puser
4. souberem
5. venderem
6. vir
7. for
8. trouxerem
9. sair
10. quiserem
11. lermos
12. der
13. pedir
14. viermos
15. puder
16. disser
17. dormirem
18. tiver
19. estiver
20. puserem
21. vierem
22. formos
23. trouxer
24. for

14.2.
2. houver
3. mudarmos
4. errar
5. puser
6. quiserem
7. chegar
8. for
9. for
10. quiser
11. vierem
12. for
13. souberem
14. estiverem
15. estiver/estiver/tiver

14.3.
2. for ao botequim
3. o sinal estiver fechado.
4. vir as fotografias.
5. fizer aniversário.
6. achar melhor.

14.4.
2. for no ônibus das 21h00, chego lá por volta da meia-noite.
3. tivermos um tempinho, vamos visitar você.
4. eu não estiver me sentindo melhor, amanhã vou ver um médico.
5. puser os óculos, você enxerga melhor.
6. der meia-noite, vamos cantar «parabéns para você».

Unidade 15

15.1.
1. forem
2. forem
3. encontrar
4. quiser
5. for
6. puder
7. ajudarem
8. tiver
9. mandarmos
10. disser

15.2.
2. Sentem-se onde os organizadores indicarem.
3. a) Só quem tiver muita paciência vai conseguir resolver esse enigma.
   b) Só aqueles que tiverem muita paciência vão conseguir resolver esse enigma.
4. a) Os que chegarem primeiro vão poder escolher os melhores lugares.
   b) Quem chegar primeiro vai poder escolher os melhores lugares.
5. a) Quem for candidato à vaga vai ter que se submeter a uma entrevista.
   b) Todos aqueles que forem candidatos à vaga vão ter que se submeter a uma entrevista.
6. a) Aqueles que estiverem interessados devem se matricular até o fim do mês.
   b) Quem estiver interessado deve se matricular até o fim do mês.

15.3.
2. O professor dará um prêmio a quem tiver as melhores notas da turma.
3. Podem fazer um desenho sobre o tema que quiserem relacionado à Ecologia.
4. Vou gravar tudo o que você disser.
5. Vou aonde vocês forem de carro.

Unidade 16

16.1.
1. disser
2. Venha
3. for
4. Fale
5. Cheguem
6. trouxer

16.2.
2. Ponha o que puser, ...
3. Esteja onde estiver, ...
4. Diga o que disser, ...
5. Seja para o que for, ...
6. Vá por onde for na Bahia, ...

16.3.
1. Haja/houver
2. Pergunte/perguntar
3. Custe/custar
4. Estejam/estiverem
5. Venham/vierem
6. Sejam/forem
7. Ganhe/ganhar
8. Coma/comer
9. Vá/for
10. Fale/falar
11. Ouça/ouvir
12. Aconteça/acontecer
13. Faça/fizer
14. Peça/pedir
15. Perca/perder

16.4.
1. Deite-me à hora que me deitar, acordo sempre cedinho.
2. Esforce-se o que se esforçar, ninguém reconhece o seu valor.
3. Falem com quem falarem, a resposta será sempre a mesma.
4. Pense o que pensar, o regulamento é igual para todos.
5. Falem o que falarem, para mim, o Pelé é o melhor jogador de todos os tempos.

Unidade 17

17.1.
1. Se não puser a carne no *freezer*, ela vai estragar.
2. Se eu passar na prova, pretendo fazer um estágio na Inglaterra.
3. Se nós nos levantarmos cedo, podemos pegar o ônibus das 8h00.
4. Se não parar de comer chocolate, vai ficar com dor de barriga.
5. Se for promovida, terei um novo escritório com vista para o mar.

17.2.
1. tiver
2. ficarei/vier
3. se abre
4. chegarem
5. precisar
6. me sentir
7. puser
8. me apressar
9. for
10. tiver

17.3.
2. Se ele for selecionado para o jogo, ganhamos com certeza.
3. Se você pedir um aumento, será aceito.
4. Se esse quadro for valioso, vamos pô-lo em leilão.
5. Se chegar mais cedo em casa, poderei ajudar você na faxina.
6. Se a festa acabar lá para as 5h00 da madrugada, vou embora de carona mais cedo.
7. Se o gatinho morrer, as crianças vão ficar muito tristes.
8. Se você fizer o teste em março, terá mais tempo para estudar.
9. Se eles não vierem no voo das 20h00, vou buscá-los no aeroporto.
10. Se (eu) não estiver no escritório amanhã, deixaremos a reunião para quarta-feira, sem falta.

Unidade 18

18.1.
1. tenha saído
2. tenha dito
3. tenham ido
4. tenha lido
5. tenham tomado

18.2.
2. tenha ido
3. tenha ficado
4. tenham se arrumado
5. tenha ofendido

18.3.
1. tiverem se mudado
2. tiver feito
3. tiverem atingido
4. tivermos recebido
5. tiverem corrigido/tiverem se reunido

18.4.
2. tivermos visto o museu, vamos visitar o castelo.
3. tiver acabado a reunião, vamos todos tomar um cafezinho na lanchonete.
4. tivermos feito as contas, saberemos quanto cabe a cada um pagar.
5. tiver completado o 2º grau, poderá cursar uma escola técnica.
6. tiver recebido o dinheiro na 6ª feira, vou passar o fim de semana fora com a minha namorada.

Unidade 19

19.1.
2. Se não tivesse tido a ajuda do policial, não teria achado a rua.
3. Se tivesse tido calma, teria resolvido o problema sem estresse.
4. Se tivesse tido trânsito, nunca teria chegado para o jantar na casa do Chico.
5. Se tivéssemos pegado um táxi, teríamos levado menos tempo.
6. Se tivesse posto leite condensado, o brigadeiro teria ficado mais gostoso.
7. Se tivéssemos tido mais tempo, teríamos conhecido melhor a cidade de Belém.
8. Se tivesse tido outras condições, teria aceitado o cargo no ministério.
9. Se não tivesse conhecimentos do inglês e espanhol, não teria conseguido o emprego na TAM.
10. Se não tivesse havido tradução, não teria entendido nada da palestra.

19.2.
2. não tivesse pintado o cabelo.
3. tivesse ido ao dentista.
4. tivéssemos visto o filme.
5. tivesse comido menos.
6. não tivesse dormido.
7. tivesse comprado os ingressos na semana passada.
8. tivesse falado com eles.

Unidade 20

20.1.
1. sentira
2. fizera
3. dera
4. tivera/fora
5. escrevera

20.2.
1. interpretara; percebera; chegara; dissera
2. dera; garantira; propusera
3. fora; houvera; tivera; fizera

Unidade 21

21.1.
1. terá ressuscitado; terá morrido; terá bebido; terá sentido; terá chamado; terá garantido; terão ouvido; terá transportado; terá ficado
2. terá ferido; terá ocorrido; terá disparado

21.2.
2. Quem o terá quebrado?
3. Quem a terá deixado?
4. Já terão feito os deveres de casa?
5. Terá pegado uma gripe?
6. Onde os terei posto?
7. Terá gostado?

21.3.
1. teremos acabado
2. terá nascido
3. terá feito
4. terei terminado
5. terá aterrissado
6. terão ido

Unidade 22

22.1.
teriam utilizado; teria sido furtado; teria ficado; teria saído; teria ameaçado; teria encostado

22.2.
2. Qual teria sido o resultado das eleições?
3. Quem teria ganhado o concurso?
4. Por que é que ele teria ficado zangado comigo?
5. Eles já teriam chegado?
6. Quais teriam sido as causas do acidente?
7. Por que é que o Zeca teria sido despedido?
8. O que é que teria acontecido ontem à noite?
9. Quem teria sido a pessoa responsável por essa decisão?
10. Como é que os ladrões teriam entrado?
11. A resposta teria sido positiva?

22.3. (sugestões)
1. o gato não teria entrado.
2. eu não teria ido à praia.
3. teríamos trazido um presente.
4. teriam participado do coquetel de despedida.
5. não teria levado o prejuízo que levou.

Unidade 23

23.1.
1. Falar-lhe-emos
2. Dar-se-ão
3. Visitá-lo-ei
4. trar-lhe-ão
5. Sentir-me-ia
6. convidá-los-ia
7. Interessar-lhe-ia
8. ser-lhe-ão
9. recebê-la-á
10. Encontrar-nos-emos

23.2.
1. Ajudá-lo-emos…
2. Demitir-se-á…
3. Pedir-lhe-ei…
4. Far-se-á…
5. Cumprimentá-la-ia…
6. Ter-lhes-ia mentido…
7. Ter-lhes-ia escrito…
8. Ter-se-iam perdido…
9. Reconhecê-la-ia…
10. Ver-nos-emos mais.
11. Opor-me-ia…
12. Contratá-lo-ão amanhã.
13. Sentir-se-ia…
14. Dar-se-ão…

Unidade 24

24.1.
O locutor disse que, após quatro anos de seca, haviam chegado finalmente as chuvas milagrosas e referiu que o nível da água havia subido nos rios, atingindo o São Francisco e que dava até para encher o Amazonas. Mencionou ainda que, dos prejuízos da seca, se tinha passado para os das cheias, num inverno em que havia chovido diariamente e as previsões apontavam para que continuasse chovendo nos meses seguintes.

24.2.
Barbeiro: Tenho um segredo, mas não posso revelá-lo a ninguém. Se não o disser, morrerei e, se o disser, o rei mandar-me-á matar.
Padre: Vá a um vale, faça uma cova na terra e diga o segredo tantas vezes até ficar aliviado desse peso. Depois, tape a cova com terra.
Barbeiro: Fiz o que me disse e, depois de ter tapado a cova, voltei para casa mais leve.

24.3.
1. Dirigindo-se ao Luís, a Paula lhe disse que tinha sido chamada para uma entrevista numa empresa de consultoria. A entrevista tinha ficado marcada para quarta-feira da semana seguinte.
2. O Luís respondeu dizendo que eram ótimas notícias e lhe deu os parabéns. Ele disse que esperava que tudo corresse bem e que ela fosse contratada.
3. A Paula disse que, se conseguisse o emprego, poderia realizar algumas das coisas com que sempre tinha sonhado, mas acrescentou que o melhor era não cantar vitória antes do tempo.

Unidade 25

25.1.
1. quiser; quer
2. fizer; faz
3. chegam; Cheguem; chegarem
4. vêm; vierem
5. viram; tiverem visto
6. consigo; conseguisse
7. tinha trazido; tivesse trazido
8. tem; tiver
9. ia; Vá; for
10. estão; estiverem

25.2.
1. foram
2. pus
3. for
4. vier
5. Diga/disser
6. sai
7. quiser
8. tem
9. tivesse encontrado
10. vir

Unidade 26

26.1.
2. Tendo batido no muro, a van ficou toda amassada.
3. Tendo sido levado para o hospital, o Leonardo foi internado.
4. Tendo ficado sob observação, teve alta em uma semana.
5. Não se sentindo totalmente recuperado, resolveu tirar uns dias de férias.
6. Tendo levado um susto, decidiu que o melhor era não dirigir mais carro nenhum.
7. … "Indo de ônibus, é muito mais seguro".

26.2.
1. Passando por São Luís, vou visitar vocês.
2. Tendo já acabado as provas do vestibular, o Cristovão foi ontem para a praia.
3. Pegando um táxi, pode ser que não chegue atrasado à rodoviária.
4. Tendo esclarecido a situação, não teria tido tanta algazarra.
5. Tendo já visto essa peça de teatro, não me importo de tomar conta das crianças.
6. Acabando o estágio, vou tentar o concurso público.
7. Tendo pensado melhor, não teria aceitado o trabalho no ministério.
8. Vindo pela estradinha de terra, tenham cuidado com os buracos.
9. Não lhes tendo dado autorização para tirar férias, ficaram muito sentidos comigo.
10. Trazendo as crianças, avisem-me para eu preparar um lanchinho.

26.3. (sugestões)
1. Tendo febre, …
2. Tendo ficado doente, …
3. Levando o pacote todo, …
4. Pegando o ônibus, …
5. Tendo estudado, …
6. Não tendo muito dinheiro, …

Unidade 27

27.1.
1. terem acabado
2. ter passado
3. terem tido
4. termos conseguido
5. terem encontrado
6. terem se casado
7. ter visto
8. terem sido convidados
9. ter sido admitido
10. terem comprado

27.2.
1. você não puder vir, avise-me.
2. já terem sido apresentados no congresso anterior.
3. ter desligado o gás quando saí de casa.
4. não terem podido assistir à estreia do *show*.
5. terem muito dinheiro, são pessoas simples.
6. nós termos chegado em casa.
7. o tempo ter estado péssimo, não adiaram as provas de atletismo.
8. ter tirado a melhor nota da sala.
9. colocar o moletom.
10. o médico chegar.
11. eles raciocinarem de outra maneira.
12. virem falar comigo depois do expediente.
13. terem passado para me ver.
14. não voltarem a repetir os mesmos erros.
15. os convidados chegarem.

Unidade 28

28.1.
2. Quanto menos souberem, melhor para eles.
3. Quanto mais tempo estiver à espera, mais impaciente fica.
4. Quanto mais o conheço, mais gosto dele.
5. Quanto menos comer, mais fraca fica.
6. Quanto mais exercícios fizer, mais depressa perco minha barriga.
7. Quanto pior for o serviço, mais clientes perderão.
8. Quanto mais frio fizer, mais vontade tenho de ficar em casa.
9. Quanto mais durmo, mais sono tenho.

28.2.
2. Quanto menos as pessoas cuidarem do meio ambiente, pior será para todos nós.
3. Quanto mais eles treinarem, melhores resultados obterão.
4. Quanto mais depressa acabarem o trabalho, mais cedo poderão sair.
5. Quanto menos movimento houver à noite em Copacabana, mais perigoso é passear na rua.
6. Quanto mais calor fizer, mais sede tenho.

28.3.
2. maior..., melhor...
3. mais..., menos...
4. piores..., mais...
5. mais..., pior...
6. mais..., mais...

Unidade 29

29.1.
1. Como é que você está se dando com o seu novo chefe?
2. Tentamos tudo e não deu em nada.
3. Esse produto não dá para soalhos de madeira.
4. Não dou para ficar em casa sem fazer nada.
5. Roubaram a sacola da senhora e as pessoas que estavam perto dela fingiram não ter dado por nada.
6. Estava andando na rua e dei com o meu diretor.
7. Você tem uma vista maravilhosa. O seu apartamento dá para o mar.

29.2.
1. O Chuí fica na zona mais extrema do Brasil.
2. Como você não queria mais aquela bicicleta velha, consertei-a e fiquei com ela.
3. O Antônio ficou de se encontrar conosco na porta do cinema.
4. Esta história não fica por aqui! Amanhã temos que resolver este assunto.
5. Se não houver consenso, a votação fica para amanhã, sem falta.
6. Chegamos tão exaustos que não tivemos coragem de fazer nada. As malas ficaram por serem desfeitas no dia seguinte.
7. Ninguém atende, o que é muito estranho, pois eles tinham dito que ficariam em casa hoje o dia todo.
8. O anel de herança da minha avó ficou para mim. E minhas irmãs ficaram com inveja.

29.3.
1. Está tanta gente ali na esquina. Eu me pergunto o que está se passando.
2. Finalmente passou a chefe do departamento de Recursos Humanos.
3. Todos os alunos com uma disciplina pendente passarão automaticamente para o ano seguinte.
4. Se você passasse o sofá para o canto da sala, ganharia mais espaço.
5. Sei que é por timidez, mas você tem que cumprimentar as pessoas, senão passa por mal-educada.

29.4.
1. pelo
2. com
3. para
4. com
5. da
6. de
7. com
8. de
9. para
10. por
11. por
12. com
13. para
14. no
15. por
16. com
17. em
18. do
19. com
20. no/por

Unidade 30

30.1.

fazer
1. me refiz
2. desfizeram
3. se rarefaz
4. refazer
5. desfeita
6. satisfazia
7. refazê-la
8. refazer
9. satisfaça
10. desfazer

pedir
1. despediram
2. impedindo
3. desimpedir
4. foi expedida
5. impedindo
6. impedem
7. despeçam-se

ver
1. previa
2. revê-los
3. revimos
4. previu
5. foram revistas
6. prever

vir
1. convier
2. provenha
3. intervenha
4. convém
5. intervieram
6. advir

Unidade 31

31.1.

pôr
1. supor
2. se opôs
3. dispor
4. me disponho
5. compôs
6. repondo
7. transpondo
8. se recompor
9. expostos
10. se expõe
11. impor
12. se impor
13. depuseram
14. propus
15. repuseram
16. expus
17. se compõe
18. Suponho

ter
1. retidos
2. entretido
3. se absteve
4. manteve
5. me contive
6. retenha
7. mantinha
8. obteve
9. contêm
10. foram detidos
11. se entretém
12. se entreteve

Unidade 32

32.1.
1. Foram ... tomar
2. vou deixar
3. Vou desligar; vai ... atrapalhar
4. Foi ... sacar
5. Fui fazer
6. Vou ... enviar
7. iria/ia ganhar
8. iriam/iam encontrar

32.2.
1. vou preparando
2. Vá descendo
3. vai ficando/vai perdendo
4. ia ... atropelando
5. ia ... pegando
6. ia se aproximando/ia ganhando
7. ia caindo
8. fui adiantando

32.3
1. vim a saber
2. viemos a descobrir
3. veio a saber
4. venham a ganhar

Unidade 33

33.1.
1. Fala-se muito mal do novo governo.
2. Espera-se que a greve dos transportes termine logo.
3. No Nordeste do Brasil, infelizmente, ainda se passa fome.
4. Finalmente, soube-se a verdade.
5. Pensa-se que ele enriqueceu com transações ilegais.

33.2.
1. No final da reunião, tiram-se as conclusões.
2. Lava-se, passa-se e engoma-se roupa.
3. Alugam-se bicicletas.
4. Aceitam-se encomendas para o Natal.
5. Admitem-se balconistas.

33.3.
2. Se ela tivesse vindo à inauguração da lanchonete, ...
3. Se não vivessem tão longe, ...
4. Se o tempo estivesse bonito, ...
5. Se as passagens aéreas não fossem tão caras, ...

33.4.
1. se alguém tinha ficado com alguma dúvida.
2. se tivesse tempo, ainda passava na casa dela.
3. se eu tinha uma caneta para lhe emprestar.
4. se podia sair mais cedo.
5. se ela pudesse sair mais cedo, ia conosco ao cinema.

33.5.
1. se encontraram/se viam
2. se barbeava/cortou-se
3. se dão
4. se levanta/se arrumar
5. se estranham/se falando

Unidade 34

34.1.
2. A Madalena não quer é fazer nada.
3. Gostaria era que vocês pudessem vir ao meu aniversário.
4. Essa menina só pensa é em se divertir.
5. Venderam-lhe foi uma imitação de Louis Vuitton.
6. Convinha era que estivessem todos presentes.
7. Gostaria era que as férias não acabassem nunca.
8. Essa menina só quer é namorar.

34.2.
2. A ele, ficaram-lhe devendo muito dinheiro. Coitado do Jeremias!
3. A nós, ninguém nos avisou da reunião.
4. Com certeza que o vão eleger a ele para o próximo mandato.
5. A mim, não me deram nenhum tostão.
6. A você, não lhe empresto mais nenhum livro.
7. A você, não lhe envio mais nenhuma carta. Você nunca responde.
8. A mim, deram-me uma ninharia pelo carro.

34.3.
2. Foi no interior da Bahia que eu vivi os melhores anos da minha juventude.
3. Era na sexta-feira à noite que eles iam sempre ao cinema.
4. É de manhãzinha e à tardinha que há sempre muito trânsito.
5. Era a sua opinião sobre esse assunto delicado que eu queria ouvir em primeiro lugar.
6. É comigo que ela gosta de desabafar.
7. É no Carnaval que a gente esquece todos os problemas do dia a dia.
8. Era alegria que faltava em mim.

Unidade 35

35.1. (sugestões)
2. a) Quando era pequeno, gostava muito de brincar.   b) Hoje em dia, vivemos na era da informática.
3. a) Eu sou saudável, porque não fumo.   b) Aquela chaminé está deitando muito fumo.
4. a) Eu rio muito toda vez que vejo este filme.   b) O rio Amazonas é o maior rio do Brasil.
5. a) A minha casa é de madeira.   b) Ela se casa amanhã na igreja do Outeiro da Glória.

35.2.

1.
   .Asso
   .aço

2. acento - sinal de acentuação
   assento - lugar para sentar
   .acento
   .assento

3. à - a (preposição) + a (artigo definido)
   há - verbo haver (pres. ind.); expressão de tempo
   ah - interjeição
   .há
   .à
   .Ah

7. eminente - destacado; notável
   iminente - em risco certo, para breve
   .emInente
   .iminente

8. elegível - que pode ser eleito
   ilegível - que não se consegue ler
   .elegível
   .ilegível

9. roído - comido; esburacado
   ruído - som desagradável; barulho
   .ruído
   .roído

4. conserto - reparação
   concerto - sessão musical
   .conserto
   .concerto

5. houve - verbo haver (pretérito perfeito)
   ouve - verbo ouvir; 3ª pess. sing. (pres. ind.);
   .ouve
   .houve

6. sessão - horário
   seção - departamento
   .sessão
   .seção

10. traz - verbo trazer, 3ª pess. sing. (pres. ind.)
    trás - preposição
    .trás
    .traz

11. peão - trabalhador rural
    pião - brinquedo
    .peão
    .pião

35.3. (sugestões)

1. a) A minha cor preferida é o azul.
   b) Ele estudou tanto que sabe a matéria de cor.
2. a) Eu gosto muito da região onde habito.
   b) Eu não tenho o hábito de me deitar cedo.
3. a) O senhor não pode estacionar aqui o carro.
   b) Ela ontem não pôde vir trabalhar, porque estava doente.
4. a) Já entreguei os documentos na secretaria.
   b) A secretária é poliglota.

35.4. (sugestões)

1. a) A cerca do jardim precisa ser consertada.
   b) A favela cerca o morro todo.
2. a) Preciso de uma cópia deste documento.
   b) Ele copia do colega, porque é preguiçoso.
3. a) O governo decretou feriado nacional.
   b) Eu governo a minha vida o melhor que posso.
4. a) Paguei 3 reais por um quilo de jaca.
   b) Vou pôr o dinheiro no banco.
5. a) A sua decisão foi sábia.
   b) Eu sabia que tudo iria *acabar em pizza*.

35.5. (sugestões)

1. a) Os vereadores se reuniram na câmara ontem à noite.
   b) Ela resolveu comprar uma câmera para o seu pai.
2. a) "Oi" é um cumprimento muito popular no Brasil.
   b) Esta mesa tem 2 metros de comprimento.
3. a) A leitura é uma excelente forma de evasão.
   b) A invasão francesa no Brasil aconteceu em 1555.
4. a) Um previdente vale por dois.
   b) Ela é muito providente: tem sempre o que precisa.
5. a) O prefeito de Brasília já cumpriu dois mandatos.
   b) O trabalho está perfeito.

35.6.

1. b)
2. c)
3. a)
4. d)
5. c)

35.7.

1. insossa
2. no ataque
3. cima
4. apertado
5. começo

Unidade 36

36.1.

conector	função
1. para quer isto dizer que com o intuito de com o objetivo de	1. indica a intenção ou o objetivo introduz esclarecimentos ou retificações indica a intenção ou o objetivo indica a intenção ou o objetivo
2. tanto … como devido a de modo a aliás ou seja em suma por tudo isto com o objetivo de não só … mas também	2. acrescenta informação indica o motivo indica a intenção ou o objetivo introduz esclarecimentos ou retificações introduz esclarecimentos ou retificações indica o fim indica o resultado indica a intenção ou o objetivo acrescenta informação
3. graças a bem como deste modo assim por exemplo assim como finalmente além de igualmente para	3. indica o motivo acrescenta informação indica o resultado indica o resultado introduz esclarecimentos ou retificações acrescenta informação indica o fim acrescenta informação acrescenta informação indica a intenção ou objetivo

36.2.

1. porque (dado que/já que/uma vez que/visto que)
2. Isto significa que (por outras palavras)/visto que (porque/dado que/já que/uma vez que)
3. Assim (daí que/de modo que/é por isso que/em consequência/logo/por isso/por tudo isto)
4. devido (graças)
5. Além disso (além do mais)
6. em particular (nomeadamente)
7. para que (afim de que/com a intenção de que/com o intuito de que)
8. Graças às (devido às)
9. a fim de (para/com a intenção de/com o intuito de/com o objetivo de/de modo a)/ou seja (isto é)
10. assim como (bem como)/Em suma (concluindo/em conclusão/em resumo/em síntese/finalmente/por fim/por último)

36.3. (sugestões)
1. Há atletas que são desqualificados porque consomem substâncias ilegais.
2. A partir de hoje, o tráfego aéreo entre São Paulo e o Rio de Janeiro está suspenso devido às obras de melhoramento das pistas. Deste modo, a ligação entre as duas cidades é assegurada pelos ônibus.
3. Doutorandos e mestrandos desempenham não só um papel fundamental no desenvolvimento do país como também através de suas pesquisas científicas.
4. Os estudantes querem promover um projeto de lei com o intuito de apresentá-lo no Congresso Nacional contra a precariedade no trabalho dos docentes na rede pública.
5. Muito se pode atribuir à crise econômica, em particular, o fato de os brasileiros terem reduzido o uso do carro. Além disso, o aumento das energias renováveis contribuiu para esta situação.

36.4. (sugestões)
1. tenha melhorado bastante o seu inglês.
2. o ar entre.
3. também um pai exemplar.
4. decidi me inscrever num curso intensivo.
5. os professores das escolas privadas receberão o equivalente dos salários dos professores de rede pública.

Unidade 37

37.1.
1. embora
2. ainda que
3. Mesmo assim
4. Mesmo que/Se bem que
5. enquanto que

37.2.
1. apesar de
2. Contudo
3. No entanto
4. não obstante
5. Embora
6. Mesmo assim
7. Ainda que

37.3.
1. Muitas pessoas não sabem que eles, embora vivam juntos, não são casados.
2. Conseguimos bons resultados não obstante a crise financeira.
3. A baixa qualidade de algumas novelas é uma realidade. Contudo, as audiências continuam subindo.
4. Ele parece ser tímido e calmo enquanto que a irmã é muito extrovertida.
5. Os teatros se encontram abandonados. Porém, poucos são os que se preocupam.

37.4.
1. É uma ótima cidade para se visitar, ainda que tenha problemas terríveis de trânsito.
2. Eu acho que você consegue, apesar de não ser fácil.
3. Não gostei do filme, embora os atores e o diretor fossem conhecidos.
4. Ela é a mais nova do grupo, se bem que se tenha revelado melhor que os colegas mais antigos.
5. Gosto do colar, mesmo que seja falso.

Unidade 38

38.1.
1. imprevisto
2. desordem
3. irrespirável
4. incoerente
5. irregular
6. imperdoável
7. ilimitadas
8. irreversível
9. irrepreensível
10. invertebrado

38.2.
2. espanhol
3. dinamarquês
4. italiano
5. escocês
6. timorense
7. colombiano
8. chinês
9. alemão
10. africano
11. brasileiro
12. venezuelano
13. moçambicano
14. japonês
15. cabo-verdiano

38.3.
1. lembrança
2. doença
3. perseverança
4. diferença
5. crença
6. maldição
7. orientação
8. distração
9. eleição
10. aflição
11. homenagem
12. secagem
13. lavagem
14. dublagem
15. filmagem
16. elegância
17. distância
18. decência
19. violência
20. experiência
21. agilidade
22. aptidão
23. habilidade
24. lentidão
25. sobriedade
26. teimosia
27. ironia
28. covardia
29. valentia
30. alegria
31. ternura
32. cultura
33. fervura
34. cobertura
35. queimadura
36. padaria
37. peixaria
38. livraria
39. sapataria
40. perfumaria
41. minutinho
42. jardinzinho
43. passarinho
44. sacolinha
45. Mariazinha

38.4.
1. amanhecer
2. entardecer
3. anoitecer
4. empobrecer
5. adoecer
6. debitar
7. realizar
8. sistematizar
9. explicitar
10. modernizar

38.5.
1. excepcional
2. mensal
3. semanal
4. comercial
5. espiritual
6. louvável
7. disponível
8. alterável
9. favorável
10. saudável

38.6.
2. sapateiro
3. filatelista
4. reitor
5. ceramista
6. lavrador/agricultor
7. bombeiro
8. romancista/escritor
9. florista
10. marceneiro/carpinteiro

38.7.
2. frequentemente
3. sinceramente
4. atentamente
5. repentinamente
6. propositadamente
7. tranquilamente
8. secretamente
9. simultaneamente
10. Efetivamente
11. carinhosamente
12. facilmente

Unidade 39

39.1.
2. pé-d'água
3. sem-terra
4. surdas-mudas
5. castanho-escuro/azuis-claros
6. estrelas-do-mar
7. saca-rolhas
8. novos-ricos
9. pé de cabra
10. água-de-colônia
11. luso-brasileira
12. obra-prima
13. pão-duro
14. cabeça-dura
15. porta-voz
16. belas-artes
17. fim de semana

39.2.
1. espaçonave
2. passatempo
3. vinagre
4. benfeitor
5. contratempo
6. rodapés
7. boquiaberta
8. paraquedas

Unidade 40

40.1.
1. japonês	perfil	pontapé	cônsul	rapaz
2. homem	moinho	refém	vocês	falávamos
3. anel	sótão	oásis	caju	música
4. raiz	difícil	céu	água	herói
5. júri	veem	açúcar	saída	portuguesa
6. ruído	apoio	paraíso	hotel	nuvem
7. armário	papéis	baús	vírus	jiboia
8. móveis	câmara	clímax	compor	abríamos
9. graúdo	piano	daríamos	gás	abdômen
10. útil	atrás	limão	países	lêssemos

40.2.
1. caia; caía
2. pode; pôde
3. tem; têm
4. fôrma; forma
5. saia; saía
6. secretaria; secretária
7. saí; sai
8. país; pais
9. àquela; aquela
10. funcionaria; funcionária
11. Por; pôr
12. As; às
13. interprete; intérprete
14. esta; está
15. Dê; de

40.3.
1. Eu nunca ponho <u>açúcar</u> no <u>chá</u>, nem no <u>café</u>; <u>só</u> no leite.
2. Fui ao <u>médico</u>, porque <u>há</u> dias que ando com dor de <u>estômago</u>.
3. Quando compramos a <u>máquina</u> <u>fotográfica</u>, ganhamos um <u>álbum</u>.
4. As vendas de celulares no nosso <u>país</u> <u>têm</u> aumentado nos <u>últimos</u> anos.
5. A <u>indústria</u> <u>têxtil</u> brasileira <u>é</u> reconhecida internacionalmente por seu algodão.
6. Em <u>época</u> de muita chuva, as <u>consequências</u> das enchentes no setor <u>socioeconômico</u> são sempre <u>dramáticas</u>.
7. Veja <u>aí</u> no mapa quantos <u>quilômetros</u> faltam para chegarmos <u>à</u> fronteira da Argentina.
8. Com esse <u>trânsito</u>, se <u>fôssemos</u> a <u>pé</u>, <u>chegaríamos</u> mais depressa.
9. <u>Vocês</u> leem as legendas a esta <u>distância</u>?
10. O <u>vocabulário</u> <u>específico</u> da <u>área</u> de direito não <u>é</u> nada <u>fácil</u>.
11. <u>Gostaríamos</u> de provar o bolo de <u>fubá</u>, se fosse <u>possível</u>.
12. O juiz chamou o advogado do <u>réu</u> <u>à</u> parte e <u>ninguém</u> sabe o que ele disse.
13. Recebi uma carta dos meus <u>avós</u> e, felizmente, os dois estão bem de <u>saúde</u>.
14. Sem <u>dúvida</u> que <u>você</u> contribuiu muito para o <u>êxito</u> do <u>espetáculo</u>.
15. Ela se <u>pôs</u> a falar <u>português</u> em apenas <u>três</u> meses.

40.4.
O <u>Luís</u> recebeu uma barraca pelo seu <u>aniversário</u>. Como faz <u>aniversário</u> em março, ainda não <u>pôde</u> <u>estreá</u>-la. Vai aproveitar o feriado da <u>Páscoa</u> para ir acampar na Serra do Mar com o <u>Antônio</u> e o amigo dele <u>finlandês</u>, estudante <u>universitário</u> de <u>intercâmbio</u> que <u>só</u> <u>está</u> no Brasil <u>há</u> <u>três</u> meses e pouco conhece o nosso <u>país</u>.
Partiram do Rio de Janeiro no <u>sábado</u>, <u>às</u> nove da manhã com um lindo dia de sol, mas logo que chegaram <u>lá</u> o <u>céu</u> estava coberto de nuvens escuras e se viam <u>relâmpagos</u> de longe. Como diz a <u>música</u> de Tom Jobim: «são as <u>águas</u> de março fechando o verão».

Unidade 41

41.1.
1. O curso para fins específicos "Conceitos de Gestão" visa ajudar os participantes a desenvolverem as suas capacidades em língua portuguesa, de acordo com as suas necessidades profissionais. Os objetivos principais são: revisão e consolidação das estruturas linguísticas; enriquecimento quantitativo e seletivo do vocabulário, na área específica em questão; treino intensivo de capacidade criativa de expressão.

2. - Então, Alice, você vem conosco? - perguntou o João.
   - Bem que eu gostaria, mas ... - respondeu a Alice.
   - Ah! É verdade! Você tem prova amanhã - disse o João. - Que pena!

3. O nome "carioca" é dado aos habitantes da cidade do Rio de Janeiro. A origem da palavra vem da língua indígena "tupi", o que quer dizer "casa de homem branco", o que diferenciava da moradia (as aldeias) onde viviam os índios.

41.2.
As obras do arquiteto brasileiro Oscar Niemeyer estão presentes no mundo inteiro: Brasil, Estados Unidos, França, Alemanha, Argélia, Itália e em muitos outros países. Ao lado dos grandes artistas Lúcio Costa, urbanista, e Burle Marx, paisagista, participou da construção da cidade de Brasília projetando o Palácio da Alvorada, o Palácio do Planalto, a Catedral, o Congresso, os prédios do Ministério, além dos edifícios residenciais e comerciais.

Foi comunista e, por isso, enfrentou diversas dificuldades durante a ditadura militar no Brasil, se exilando na França, durante anos, com o apoio do Partido Comunista Francês (PCF).
Retornou ao Brasil apenas no início da década de 80, quando começou a chamada fase "abertura lenta, gradual e segura".

Além das inúmeras obras, projetou, gratuitamente, em benefício das causas que inspiravam sua construção.